AF167809

Jan-Claudio Sachar

Transfer in der Personalentwicklung

Ein entscheidungsorientierter Ansatz

Sachar, Jan-Claudio: Transfer in der Personalentwicklung: Ein entscheidungsorientierter Ansatz, Hamburg, Igel Verlag RWS 2015

Buch-ISBN: 978-3-95485-248-2
PDF-eBook-ISBN: 978-3-95485-748-7
Druck/Herstellung: Igel Verlag RWS, Hamburg, 2015

Bibliografische Information der Deutschen Nationalbibliothek:
Die Deutsche Nationalbibliothek verzeichnet diese Publikation in der Deutschen Nationalbibliografie; detaillierte bibliografische Daten sind im Internet über http://dnb.d-nb.de abrufbar.

Das Werk einschließlich aller seiner Teile ist urheberrechtlich geschützt. Jede Verwertung außerhalb der Grenzen des Urheberrechtsgesetzes ist ohne Zustimmung des Verlages unzulässig und strafbar. Dies gilt insbesondere für Vervielfältigungen, Übersetzungen, Mikroverfilmungen und die Einspeicherung und Bearbeitung in elektronischen Systemen.

Die Wiedergabe von Gebrauchsnamen, Handelsnamen, Warenbezeichnungen usw. in diesem Werk berechtigt auch ohne besondere Kennzeichnung nicht zu der Annahme, dass solche Namen im Sinne der Warenzeichen- und Markenschutz-Gesetzgebung als frei zu betrachten wären und daher von jedermann benutzt werden dürften.

Die Informationen in diesem Werk wurden mit Sorgfalt erarbeitet. Dennoch können Fehler nicht vollständig ausgeschlossen werden und die Diplomica Verlag GmbH, die Autoren oder Übersetzer übernehmen keine juristische Verantwortung oder irgendeine Haftung für evtl. verbliebene fehlerhafte Angaben und deren Folgen.

Alle Rechte vorbehalten

© Igel Verlag RWS, Imprint der Diplomica Verlag GmbH
Hermannstal 119k, 22119 Hamburg
http://www.diplomica.de, Hamburg 2015
Printed in Germany

Inhaltsverzeichnis

Abbildungsverzeichnis

Tabellenverzeichnis

Abkürzungsverzeichnis

AHP – Analytical Hierarchy Process bzw. Analytischer Hierarchieprozess

ANP – Analytical Network Process bzw. Analytischer Netzwerkprozess

CI – Consistency Index bzw. Konsistenzindex

CR – Consistency Ratio bzw. Konsistenzverhältnis

1. Einleitung

Um einen Einstieg in die Thematik zu ermöglichen, gehen die folgenden Ausführungen auf die zugrunde liegende Problemstellung sowie den Aufbau des Buches ein. Um die Motivation für die Themenwahl zu verdeutlichen, wird ebenfalls die Zielstellung des Buches formuliert.

1.1 Problemstellung

Die Fachliteratur, die im Rahmen des vorliegenden Buches herangezogen wurde, zeigt, dass der Transfer bereits vor Jahrzehnten als wesentlicher Bestandteil der Personalentwicklung identifiziert wurde.[1] Trotz dieser Erkenntnis weisen einschlägige Arbeiten jedoch auf eine Unterschätzung der Bedeutung des Transfers hin. Eine vielfach zitierte Schätzung stammt von Georgenson (1982), welcher konstatierte, dass in den vereinigten Staaten nicht mehr als 10 Prozent der 100 Millarden US-Dollar, die jährlich in die Personalentwicklung investiert werden, tatsächlich in einem Transfer münden.[2] Diese Schätzung kann jedoch, da nicht empirisch fundiert und nicht mehr aktuell, allenfalls als erster Hinweis für das Ausmaß der Transferproblematik gesehen werden. Eine aktuellere Untersuchung mit empirisch fundiertem Hintergrund liefern hingegen Saks und Belcourt (2006). Die in Kanada durchgeführte Studie kommt unter anderem zu dem Ergebnis, dass lediglich 62 Prozent der Befragten das in einer Personalentwicklungsmaßnahme vermittelte Wissen unmittelbar in der Praxis anwenden. Weiterhin verringert sich die Umsetzungsrate, so die Autoren, nach sechs Monaten bzw. einem Jahr auf lediglich 44 bzw. 34 Prozent.[3] Diese Resultate können als erster Nachweis für die Brisanz der Transferproblematik gesehen werden. Im Rahmen der für dieses Buch durchgeführten Literaturrecherche ist jedoch ein starkes Defizit im Hinblick auf weitere Studien mit gleichem Untersuchungsgegenstand festzustellen. Dies kann als Indiz für die Messproblematik des Transfers gesehen werden, die später im Buch aufgegriffen werden soll.

Zudem finden sich auch in der Fachliteratur zahlreiche Aussagen, die die hohe Relevanz der Transferproblematik bestätigen. So betont zum Beispiel Jung (2006) mit folgender Aussage, dass im Hinblick auf den Transfer Handlungsbedarf besteht.

---

[1] Vgl. u.a. Baldwin & Ford 1988.
[2] Vgl. Georgenson 1982, S. 75.
[3] Vgl. Saks, Belcourt 2006, S. 642.

„Das wohl größte Problem bei Personalentwicklungsmaßnahmen, die nicht am Arbeitsplatz durchgeführt werden, ist darin zu sehen, dass der anschließend notwendige Transfer des Erlernten von der Übungssituation auf die konkrete Aufgabe am Arbeitsplatz nicht gelingt.“[4]

Die angeführten Beispiele verdeutlichen, dass der Transfer ein essentieller Bestandteil von Personalentwicklungsmaßnahmen ist. Sollen derartige Maßnahmen als Instrument zur Lösung personalwirtschaftlicher Probleme eingesetzt werden, ist es demnach notwendig den Transfer, also die Übertragung des erlernten Wissens in den Anwendungskontext, zu gewährleisten. Dieser Sachverhalt mündet letztendlich in dem Entscheidungsproblem der Auswahl einer optimalen Maßnahme zur Transfersicherung.

1.2 Aufbau des Buches

Aufgrund der notwendigen Subsumption des Transfers unter die Personalentwicklung, ist der Transfer in gewissen Hinsichten auf diesem nächsthöheren Abstraktionslevel zu betrachten. Dementsprechend vermittelt das zweite Kapitel des vorliegenden Buches sowohl den begrifflichen und terminologischen Hintergrund der Personalentwicklung als auch die nötigen Grundlagen zum Transfer. Letzterer wird hierbei in den Prozess der Personalentwicklung eingeordnet und auf seine Bedeutung hin untersucht.

Das dritte Kapitel des Buches schafft unter Rückgriff auf das Handlungsstrukturmodell nach Kossbiel (2002) den Rahmen für eine strukturierte, entscheidungsorientierte und ökonomisch fundierte Betrachtung des Entscheidungsproblems.[5] Hierdurch wird insbesondere die ökonomische Legitimierung der Personalentwicklung und des Transfers ermöglicht.

Kapitel 4 beschäftigt sich mit der Untersuchung von möglichen Entscheidungsmodellen, die zur Lösung des vorliegenden Entscheidungsproblems geeignet sein könnten. Hierbei werden sowohl quantitativ orientierte Modelle als auch der analytische Hierarchieprozess (AHP) beleuchtet und auf ihre Eignung und Zulänglichkeit hin untersucht. Nachdem der AHP mit seinen spezifischen Eigenschaften als geeignetes Entscheidungsmodell validiert wurde, wird ein Ansatz für die Anwendung des AHPs auf das Problem der Auswahl einer optimalen Maßnahme zur Transfersicherung entwickelt.

Das fünfte und letzte Kapitel fasst die Erkenntnisse des Buches zusammen und weist auf Aspekte hin, die Ansatzpunkte für weitere Untersuchungen darstellen könnten.

---

[4] Jung 2006, S. 307.
[5] Vgl. Kossbiel 2002, S. 476.

Die folgende Ausarbeitung soll zu einer stärkeren Berücksichtigung des Transfers bzw. der Transferproblematik im Rahmen der Personalentwicklung beitragen. Dies betrifft vor allem den Bereich der Entscheidungsfindung. Denn im Gegensatz zu den zahlreichen Untersuchungen bezüglich der Einflussfaktoren des Transfers, scheint in der Fachliteratur im Hinblick auf Entscheidungsmodelle ein Defizit vorzuliegen. Dies gilt zumindest für Modelle, welche die komplexe Prognostizierbarkeit, die Messproblematik und neben den quantitativen vor allem auch die qualitativen Aspekte des Transfers berücksichtigen. Das vorliegende Buch soll zur Schließung dieser Lücke beitragen, indem ein Ansatz zur Lösung des genannten Entscheidungsproblems bereitgestellt wird. Weiterhin soll es Impulse und Anregungen für weitere Untersuchungen und die Entwicklung weiterer Lösungsansätze in diesem Bereich geben.

2. Begriffliche und terminologische Grundlagen

Wie bereits im vorangehenden Abschnitt erwähnt, wird sich dieses Kapitel des Buches mit der Beleuchtung der terminologischen und begrifflichen Grundlagen beschäftigen. Neben der Vermittlung des nötigen Hintergrundwissens soll hierdurch auch eine Verdeutlichung der Schwerpunkte des Buches erfolgen.

2.1 Personalentwicklung

Da der Transfer unter das personalwirtschaftliche Teilgebiet der Personalentwicklung subsumiert werden muss, soll mit den Ausführungen zu letzterem begonnen werden.

2.1.1 Begriff und Definition

Die bisher in diesem Bereich veröffentlichte Fachliteratur liefert zahlreiche Definitionen, um den Begriff der Personalentwicklung zu beschreiben. Obwohl Einigkeit darüber besteht, dass die Personalentwicklung durchaus als strategischer Erfolgsfaktor eines Unternehmens gesehen werden kann, herrscht bezüglich seiner Definition eine gewisse Heterogenität. Diese ist vor allem durch die zahlreichen Fachgebiete begründet, aus denen der Zugang zum Begriff und damit auch seine Definition erfolgen kann. Neben den Wirtschaftswissenschaften seien hierbei zum Beispiel die Psychologie, die Pädagogik oder auch die Soziologie genannt.[6]

Eine bereichsübergreifende Definition des Begriffs zu liefern ist aus diesem Grund kaum möglich und wenig zielführend. Vielmehr ist der Begriff je nach Forschungs- und Gestaltungshintergrund zu definieren. Becker (2002) zeigt insgesamt fünf begriffliche Zugänge für die Forschung und Gestaltung der Personalentwicklung auf.[7] Abbildung 2.1 illustriert diese fünf Forschungs- und Gestaltungszugänge und verdeutlicht deren Beziehungen zueinander. Um die Betrachtungsperspektiven des Buches zu verdeutlichen, sollen die verschiedenen Zugänge zur Personalentwicklung im Folgenden konzise erläutert werden. Die kontextorientierte, die inhaltsorientierte sowie die methodenorientierte Personalentwicklung seien hierbei nur der Vollständigkeit wegen und nur sehr kurz aufgeführt, da das vorliegende Buch den akteursorientierten und den zielorientierten Zugang nutzt, um sich mit der Personalentwicklung und dem Transfer auseinanderzusetzen.

---

[6] Vgl. Becker 2007, S. 9.
[7] Vgl. Becker 2002, S. 2-3.

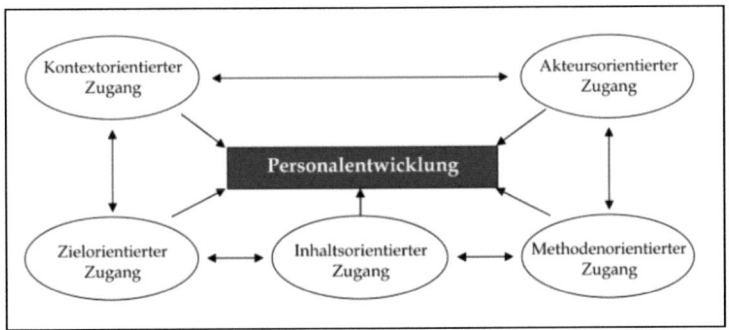

Abbildung 2.1: Forschungs- und Gestaltungszugänge zur Personalentwicklung

Quelle: Becker 2002

Der kontextorientierte Zugang beschäftigt sich mit den unternehmensexternen und –internen Rahmenbedingungen, welche Auswirkungen auf die Personalentwicklung haben. Die internen Rahmenbedingungen werden durch die Unternehmensentwicklung dargestellt, die typischerweise in drei Entwicklungsphasen unterteilt wird. Aus kontextorientierter Sicht ist die Personalentwicklung proaktiv an die entsprechende Entwicklungsstufe des Unternehmens anzupassen, um diese positiv beeinflussen zu können. Die externen Rahmenbedingungen hingegen werden durch Berufsbildungspolitik sowie die tarifvertraglichen Vorstellungen der Gewerkschaften und Arbeitgeber bestimmt.[8]

Die inhaltsorientierte Personalentwicklung ist durch die drei Inhaltsbereiche Bildung (Personalentwicklung im engen Sinne), Förderung (Personalentwicklung im erweiterten Sinne) und Organisationsentwicklung (Personalentwicklung im weiten Sinne) gekennzeichnet.[9] Eine inhaltsbezogene vergleichsweise weite Definition des Begriffs gibt Becker (2005), nach dem die Personalentwicklung „[...] *alle Maßnahmen der Bildung, Förderung und der Organisationsentwicklung, die zielgerichtet, systematisch und methodisch geplant, realisiert und evaluiert werden* "[10] umfasst.

Der zielorientierte Zugang definiert durch gesetzte Ziele das Anspruchsniveau und die Reichweite der Personalentwicklung. Diese Ziele bzw. die gewünschten Ergebnisse der Personalentwicklung variieren mit den verschiedenen Akteuren. Während das Ziel der Mitarbeitenden eine Erhaltung und Verbesserung der Beschäftigungsfähigkeit (Employability) ist, wünschen sich Führungskräfte als Ergebnis der Personalentwicklung leistungsfähige und motivierte Mitarbeiter/-innen. Wieder anders verhält es sich mit der Unternehmensleitung, für die das Ziel entsprechender Personalentwicklungsmaßnahmen in

---

[8] Vgl. Becker 2007, S. 10-12.
[9] Vgl. Becker 2007, S. 14.
[10] Vgl. Becker 2005, S. 8.

der Stärkung der Wettbewerbsfähigkeit und der Steigerung des Unternehmensgewinns liegt. Auf welche Art und Weise diese Effekte durch derartige Maßnahmen erzielt werden können, wird vor allem im dritten Kapitel des Buches verdeutlicht. Im Hinblick auf den zielorientierten Zugang zur Personalentwicklung und dem Schwerpunkt des vorliegenden Buches ist in diesem Zusammenhang auch der Verwendungsaspekt der Personalentwicklung im Sinne der Kompetenz- und Performanzverbesserung zu beleuchten. Laut diesem ist es unter anderem Aufgabe der Personalentwicklung sowohl die situativ-individuelle Handlungsfähigkeit (Können) und die Handlungsbereitschaft (Wollen) zu fördern, als auch die konkrete Zuständigkeit für Aufgaben (Dürfen) zu definieren.[11] Auch Kossbiel (2002) geht auf diesen Aspekt in ähnlicher Weise ein, indem er die Instruktion, die Qualifikation, die Motivation und die Präparation als Voraussetzung für die Erfüllung von Verhaltensansprüchen gegenüber dem Personal nennt.[12] Für den zielorientierten Zugang kann eine Definition von Klages (1991) aufgegriffen werden, nach der Personalentwicklung als *„[...] die Summe und das Zusammenwirken aller derjenigen Maßnahmen [...], die sowohl zur Qualifizierung wie auch zur beruflichen Förderung und zur Motivierung von Beschäftigten geeignet sind"*[13] verstanden werden kann.

Im Rahmen des akteursorientierten Zugangs werden die relevanten Akteure der Personalentwicklung mit ihren spezifischen Interessen als Einflussfaktoren der Ausgestaltung genannt. Dies sind neben den von den entsprechenden Maßnahmen betroffenen Mitarbeiter/-innen und den zuständigen Personalentwicklern, die sich vor allem mit der Konzeption und der Durchführung der Personalentwicklungsmaßnahme beschäftigen, auch die jeweiligen Entscheidungsträger. Zum anderen beschäftigt sich der akteursorientierte Zugang mit der Untersuchung von biographie- und kontextbestimmten Lernimpulsen und –barrieren, die den Erfolg einer Personalentwicklungsmaßnahme maßgeblich beeinflussen. Es wird davon ausgegangen, dass die Bereitstellung von Entwicklungsmöglichkeiten und die Schaffung eines lernfördernden Arbeitsklimas aus akteursorientierter Perspektive notwendig sind, um den Erfolg der Personalentwicklung zu gewährleisten.[14] Eine Definition, die dem akteursorientierten Zugang zugeordnet werden kann, bietet Münch (1995). Denn dessen Auffassung nach ist Personalentwicklung *„[...] das Insgesamt derjenigen Maßnahmen, die geeignet sind, die Handlungskompetenz der Mitarbeiter weiterzuentwickeln, zu erhalten und ständig zu erneuern, und zwar mit dem Ziel, den Unternehmenserfolg unter weitesgehender*

---

[11] Vgl. Becker 2007, S. 13-14.
[12] Vgl. Kossbiel 2002, S. 470.
[13] Vgl. Klages 1991, S. 1149.
[14] Vgl. Becker 2007, S.13.

Berücksichtigung der Mitarbeiterinteressen zu sichern.[15]

Laut des methodenorientierten Zugangs ist eine methodische Absicherung für die Erreichung und Überprüfung der Effektivität und Effizienz von Personalentwicklungsmaßnahmen unerlässlich. Zudem geht dieser Forschungs- und Gestaltungszugang davon aus, dass durch diese Absicherung eine Legitimation der Maßnahme gegenüber den Entscheidungsträgern bzw. der Unternehmensleitung erreicht wird, wodurch gleichzeitig auch die notwendigen Ressourcen sichergestellt werden.[16] Der methodenorientierte Zugang wird im Rahmen des Buches jedoch lediglich aufgegriffen, um den Transfer im Prozess der Personalentwicklung zu verorten.

2.1.2 Arten der Personalentwicklung

Nachdem im vorangehenden Kapitel die Forschungs- und Gestaltungszugänge der Personalentwicklung verdeutlicht wurden, sollen nun die verschiedenen Arten dieses personalwirtschaftlichen Instruments beleuchtet werden. Im Hinblick auf den thematischen Schwerpunkt des Buches ist eine Differenzierung von Personalentwicklungsmaßnahmen anhand ihrer Nähe zum tatsächlichen Aufgabenbereich bzw. der beruflichen Tätigkeit deshalb sinnvoll, weil sie verdeutlicht, in welchen Bereichen eine Transfersicherung überhaupt als relevant bzw. erstrebenswert erachtet werden kann.[17] Einen Überblick der Personalentwicklungsarten wird zunächst durch die folgende Abbildung gegeben.

---

[15] Münch 1995, S. 15.
[16] Vgl. Becker 2007, S. 16.
[17] Vgl. Holtbrügge 2013, S. 135.

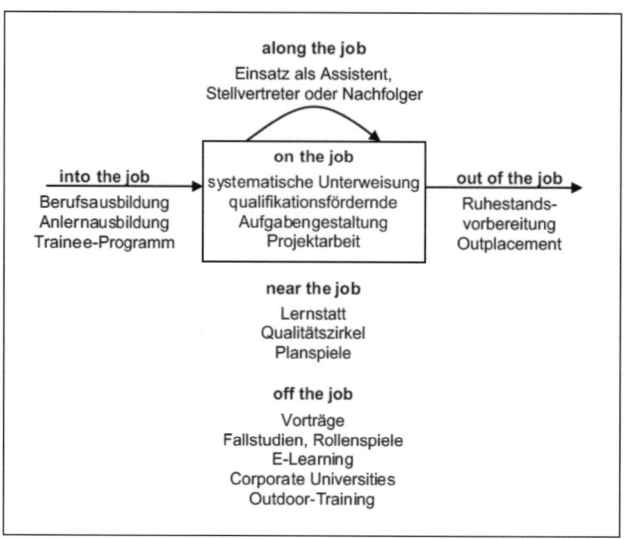

Abbildung 2.2: Arten der Personalentwicklung

Quelle: Holtbrügge 2013

Eine der wichtigsten Arten ist die Personalentwicklung „into the job", da sie letztendlich den Berufseinstieg ermöglicht. Zu dieser Personalentwicklungsart gehören neben der Berufsausbildung zum Beispiel auch Anlernausbildungen oder Trainee-Programme. Durch die Personalentwicklung „into the job" soll der Mitarbeitende Qualifikationen erhalten, die ihm die zukünftige Ausübung einer beruflichen Tätigkeit erlauben.[18] Die Entwicklungs-maßnahmen werden hierbei in zeitlicher, zum Teil auch räumlicher Entfernung zum Arbeitsplatz durchgeführt; auch wenn eine inhaltliche Nähe zum Arbeitsplatz oft gewährleistet ist, um den Einstieg in das Berufsumfeld zu erleichtern.[19]

Eine andere Art ist die Personalentwicklung „on the job". Diese wird dann angewendet, wenn Mitarbeitende bereits eine Berufsausbildung und Berufserfahrung haben. Zu dieser Art der Personalentwicklung gehören zum Beispiel systematische Unterweisungen oder qualifikationsfördernde Aufgabengestaltung, wie beispielsweise Job Enrichment, Job Enlargement oder Job Rotation. Auch sind bei der Personalentwicklung „on the job" gruppenorientierte Ansätze wie Projektarbeit möglich.[20] Bei dieser Personalentwicklungsart werden die Maßnahmen direkt am Arbeitsplatz durchgeführt. Es erfolgt eine unmittelbare Verzahnung von Erlerntem und dessen Anwendung in der Praxis.[21]

Personalentwicklung „near the job" findet neben dem Job statt. Fokus ist hierbei nicht die

---

[18] Vgl. Holtbrügge 2013, S. 135-136.
[19] Vgl. Bröckermann, Müller-Vorbrüggen, S.192.
[20] Vgl. Holtbrügge 2013, S. 136-137.
[21] Vgl. Bröckermann, Müller-Vorbrüggen, S.192.

eigentliche Arbeitsaufgabe, sondern der Lernprozess und die Bewältigung neuer, zeitlich befristeter Aufgaben. Im Rahmen der „near the job" Personalentwicklung können zum Beispiel Lernstätte, Qualitätszirkel oder Planspiele durchgeführt werden.[22] Diese Art der Personalentwicklung erfolgt meistens in zeitlicher, räumlicher sowie inhaltlicher Nähe zur beruflichen Tätigkeit.[23]

Im Rahmen der „along the job" Personalentwicklung erfolgen Maßnahmen, die den Mitarbeitenden schrittweise mehr Arbeitsaufgaben und Verantwortlichkeiten übertragen sowie die entsprechenden Kompetenzen vermitteln. Hierdurch soll diesem temporär oder dauerhaft ermöglicht werden, eine neue, hierarchisch höher angesiedelte Stelle zu besetzen. Die „along the job" Personalentwicklung beinhaltet also Maßnahmen zur individuellen Karriere-, Laufbahn- und Nachfolgeplanung.[24] Diese Personalentwicklungsart erfolgt in sehr unterschiedlicher zeitlicher, räumlicher und inhaltlicher Nähe zur beruflichen Tätigkeit.[25]

Die traditionellste Art der Personalentwicklung sind „off the job" Maßnahmen. Zu diesen gehören zum Beispiel Vorträge, Seminare und Workshops, Fallstudien, Rollenspiele, E-Learning, oder auch Outdoor-Trainings. Diese Maßnahmen ermöglichen eine Fortsetzung des Lernens nach der ersten Berufsausbildung.[26] Die „off the job" Personalentwicklung findet meist in zeitlicher, räumlicher und inhaltlicher Entfernung zum Job statt.[27]

Zuletzt ist die Personalentwicklung „out of the job" zu erwähnen. Im Rahmen dieser Personalentwicklungsart werden Maßnahmen wie das Outplacement durchgeführt, das gekündigte Mitarbeitern/-innen bei dem Einstieg in eine andere Arbeitsstelle unterstützt. Eine andere Maßnahme ist die Ruhestandsvorbereitung, die ein schonendes Ausscheiden von kurz vor der Pensionierung stehenden Mitarbeitenden ermöglicht.[28]

Durch die vorgenommene Differenzierung wird deutlich, dass die verschiedenen Arten der Personalentwicklung spezifische Entfernungen zur eigentlichen beruflichen Tätigkeit aufweisen. Unter Anbetracht dieser Erkenntnis, ist die Relevanz des Transfers für gewisse Arten der Personalentwicklung somit höher als für andere. Grundsätzlich erhöht sich die Bedeutung des Transfers mit steigender zeitlicher, räumlicher und inhaltlicher Entfernung zur

---

[22] Vgl. Holtbrügge 2013, S. 137.
[23] Vgl. Bröckermann, Müller-Vorbrüggen, S.192.
[24] Vgl. Holtbrügge 2013, S. 137.
[25] Vgl. Bröckermann, Müller-Vorbrüggen, S.192.
[26] Vgl. Holtbrügge 2013, S. 137-138.
[27] Vgl. Bröckermann, Müller-Vorbrüggen, S.192.
[28] Vgl. Holtbrügge 2013, S. 141.

beruflichen Tätigkeit und den zugehörigen Aufgabenbereichen.[29] Diese Aussage muss jedoch in der Weise relativiert werden, als dass die Nähe zur Tätigkeit nur einer von mehreren Einflussfaktoren des Transfers ist. Auf diese Einflussfaktoren soll jedoch im nächsten Abschnitt ausführlich eingegangen werden. Festzuhalten ist jedoch, dass sich das vorliegende Buch aufgrund der hohen Bedeutung des Transfers im Bereich der „off the job" Maßnahmen, in erster Linie auf diese Art der Personalentwicklung bezieht.

2.2 Transfer

Die folgenden Ausführungen sollen dazu dienen, den Begriff des Transfers näher zu beschreiben und zu definieren. Anschließend soll eine modelltheoretische Grundlage für die Herleitung von Maßnahmen zur Transfersicherung geschaffen werden, um darauf aufbauend die Verortung des Transfers in der Personalentwicklung vorzunehmen. In diesem Kontext kann dann dessen Bedeutung für die Personalentwicklung aufgezeigt werden.

2.2.1 Begriff und Definition

Die Fachliteratur bietet auch für den Transfer diverse Zugänge. Wie bei der Personalentwicklung kommt es auch hier auf die Perspektive an, aus der der Begriff beleuchtet wird.

Zunächst lässt sich Transfer im Kontext der Lernpsychologie betrachten, die unter anderem auch den Begriff „Lerntransfer" nutzt. Aus lernpsychologischer Sicht kommt dem Lernen, mit dem Ziel der Übertragung des Gelernten auf andere Lerngebiete, eine besondere Bedeutung zu. Roth (1963) bezeichnet den Lerntransfer sogar als zentrale Zielstellung pädagogischen Handelns.[30] Passend zu diesen Ausführungen definiert Seel (2000) den Transfer als „[...] *Einfluss von Lernen in einer Situation auf das Lernen in einer anderen Situation.* "[31] Seidel (2012) umschreibt den Lerntransfer im Rahmen der der Lehr-Lern-Forschung ähnlich. Laut der Autorin untersucht diese die „[...] *Übertragung des Gelernten von einer Aufgabe auf eine davon abweichende Aufgabe innerhalb der Lernsituation [...]* "[32]

Da der Transfer im vorliegenden Buch aber aus Sicht der betrieblichen Weiterbildung betrachtet wird, sollen an dieser Stelle zwei betriebswirtschaftlich orientierte Definitionen angeführt werden.

---

[29] Vgl. Seidel 2012, S. 12.
[30] Vgl. Roth 1963.
[31] Vgl. Seel 2000, S. 307.
[32] Vgl. Seidel 2012, S. 13.

Mit Bezug auf die betriebliche Weiterbildungsforschung wird der Transfer laut Seidel (2012) als „[...] *Übertragung von erworbenem Wissen auf die Anforderungen am Arbeitsplatz [...]*"[33] verstanden.

Eine weitere Definition liefert Solga (2011), nach dem Transfer „[...] *die Übertragung gelernter Kenntnisse und Fertigkeiten auf Herausforderungen (Aufgaben und Probleme) des Arbeitslebens, die Umsetzung und Generalisierung erworbener Kompetenzen in den Arbeitsalltag*"[34] darstellt.

Es wird deutlich, dass zwischen den beiden genannten Betrachtungsweisen vor allem im Hinblick auf den Anwendungskontext des Gelernten Unterschiede bestehen. Weil sich das vorliegende Buch dem Thema aus betriebswirtschaftlicher Sicht nähert, wird sie sich auf die Betrachtung des Transfers im Rahmen der betrieblichen Weiterbildungsforschung konzentrieren.

Weiterhin gilt es im Rahmen der Begriffsklärung die möglichen Dimensionen und Formen von Transfer zu erläutern, um zu verdeutlichen, welche Zielstellung verfolgt wird, wenn von der Transfersicherung gesprochen wird.

Ausgehend von der Definition Solga (2011) lassen sich Transferprozesse zunächst durch verschiedene Dimensionen beschreiben. So ist der Transferprozess zunächst durch den Grad der notwendigen Generalisierung geprägt. Dieser beschreibt, inwieweit sich die Lernbedingungen von den Anwendungsbedingungen unterscheiden. Weichen die Bedingungen stark voneinander ab, muss das Gelernte in hohem Maße abstrahiert werden, bevor es angewendet werden kann. Auf diese sogenannte Transferdistanz wurde bereits im Rahmen der Personalentwicklungsarten (Abschnitt 2.1.2) und ihrer Nähe zum tatsächlichen Anwendungsbereich, das heißt der beruflichen Tätigkeit, eingegangen. Die zweite Dimension des Transferprozesses ist die Aufrechterhaltung. Sie beschreibt, über welchen Zeitraum hinweg das Gelernte tatsächlich wirksam und anwendbar bleibt.[35] Denkbar sind in diesem Zusammenhang zum Beispiel Fälle, in denen Qualifikationen durchgeführt werden, obwohl eine Anwendung erst in naher oder ferner Zukunft eintritt oder zu erwarten ist.

Weiterhin kann der Transfer verschiedene Formen aufweisen. In Anbetracht des ökonomischen Hintergrundes des Buches sollen an dieser Stelle lediglich der positive und negative Transfer aufgegriffen werden. Im Idealfall stellt sich ein positiver Transfer ein. Das

---

[33] Vgl. Seidel 2012, S. 13.
[34] Vgl. Solga 2011, S. 342.
[35] Vgl. Baldwin und Ford 1988, S. 95.

bedeutet, dass die Personalentwicklungsmaßnahme und der nachgelagerte Transferprozess die Ausübung der beruflichen Tätigkeit erleichtern oder verbessern und so zu der durch die qualitative Personalbedarfsplanung angestrebte Schließung der Deckungslücke zwischen Soll- und Ist-Qualifizierung führen. Ein negativer Transfer hingegen kann sich zum Beispiel dann einstellen, wenn vermittelte Lerninhalte von Mitarbeitenden nicht richtig gelernt wurden oder diese nicht in ausreichendem Maße auf den Verwendungskontext abgestimmt worden sind. In der Konsequenz kann es zu Handlungsfehlern oder –verzögerungen kommen.[36]

2.2.2 Ein ausgewähltes Prozessmodell des Transfers

Nachdem der Transfer definiert und begrifflich eingeordnet wurde, wird nun ein Prozessmodell des Transfers aufgegriffen. Durch die Beleuchtung des Modells soll der Prozess des Transfers mit seinen Bestandteilen und dessen Ausprägungen verdeutlicht werden. Dies ist nötig, um zu einem späteren Zeitpunkt eine theoretisch fundierte Ableitung von Maßnahmen zur Transfersicherung zu ermöglichen.

An dieser Stelle wurde das Prozessmodell nach Baldwin und Ford (1988) gewählt, weil es in der Fachliteratur bereits vielfach, wenn auch zum Teil in etwas abgewandelter Form, aufgegriffen wurde. So lassen sich zum Beispiel in den Transfermodellen von Dubs (1994) sowie Rank und Wakenhut (1998) durchaus Parallelen erkennen. Auch Bender (2009) greift in seiner Arbeit einige Aspekte des Transfermodells von Baldwin und Ford auf. Bei allen drei Autoren fällt vor allem eine Gemeinsamkeit auf. In ihren Ausführungen wird der Transfer unter anderem durch drei spezifische Bereiche beeinflusst, die ihrerseits eigene Einflussfaktoren aufweisen. Das Modell nach Baldwin und Ford, das nun näher erläutert wird, wird durch Abbildung 2.3 illustriert.

Das Prozessmodell untergliedert sich in die drei Einflussbereiche Trainingsinput, Trainingsoutput und Transferbedingungen. Die Inputs umfassen hierbei die oben angesprochenen Einflussbereiche des Transfers mit ihren Einflussfaktoren.[37]

Der erste Einflussfaktor sind die teilnehmenden Personen mit ihren Merkmalen. Zu den Kategorien der Merkmale gehören neben den Fähigkeiten zum Beispiel auch die Persönlichkeit und die Motivation der Personen. Der zweite Einflussbereich ist das Trainingsdesign, welches zum Beispiel die Lernprinzipien, die zeitliche Struktur sowie die Relevanz der Inhalte für die berufliche Tätigkeit umfasst. Der dritte und letzte Einflussbereich

---

[36] Vgl. Sonntag 2005, S.358.
[37] Vgl. Baldwin und Ford 1988, S. 64-65.

ist die Arbeitsumgebung. Diese kann beispielsweise die Unterstützung durch Vorgesetzte sowie die Möglichkeiten und Hemmnisse für die Anwendung des Gelernten beinhalten.[38]

Der Trainingsoutput ist laut dem vorliegenden Modell durch zwei Größen gekennzeichnet. Die Menge des Gelernten und den Anteil dieses neu erworbenen Wissens, den die Teilnehmenden tatsächlich behalten.[39]

Die Transferbedingungen beinhalten das Ausmaß der Generalisierung sowie der Aufrechterhaltung.[40] Auf diese beiden Dimensionen des Transfers wurde bereits in Abschnitt 2.2.1 eingegangen.

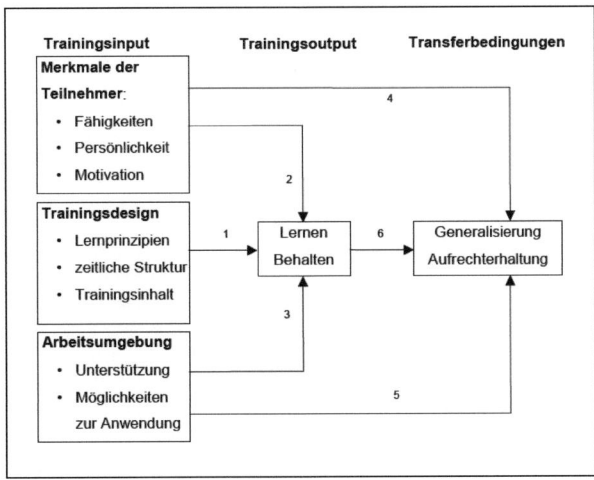

Abbildung 2.3: Prozessmodell des Transfers

Quelle: Baldwin und Ford (1988)

Bei Betrachtung des Prozessmodells wird deutlich, dass die verschiedenen Elemente spezifische Zusammenhänge aufweisen. So beeinflussen die Faktoren aller drei Bereiche des Traininginputs direkt das Lernen und Behalten der vermittelten Inhalte. Dieser Trainingsoutput ist wiederum Grundlage des folgenden Transfers, also der Generalisierung und Aufrechterhaltung des Gelernten. Dies scheint logisch, da davon auszugehen ist, dass es ohne neu erlangtes Wissen keinen Transfer in das Anwendungsgebiet geben kann. Das Lernen und Behalten ist also notwendige, wenn auch nicht hinreichende Bedingung für den Transfer. Durch diesen Zusammenhang zwischen Trainingsoutput und Transferbedingungen haben alle drei Faktoren zunächst einen indirekten Einfluss auf den Transfer. Besonders zu berücksichtigen ist aber, dass zwei Einflussbereiche, und zwar die Merkmale der

---

[38] Vgl. Baldwin und Ford 1988, S. 64-65.
[39] Vgl. Baldwin und Ford 1988, S. 64-65.
[40] Vgl. Baldwin und Ford 1988, S. 64-65.

Teilnehmenden sowie die Arbeitsumgebung, nicht nur direkten Einfluss auf den Trainingsoutput, sondern auch auf den Transfer haben.[41] So ist zum Beispiel denkbar, dass gut vermitteltes Wissen eines Seminars, das gelernt und behalten wurde, im Rahmen der beruflichen Tätigkeit nicht umgesetzt wird, da sowohl die nötige Motivation als auch die Unterstützung des Vorgesetzten fehlt.

An dieser Stelle sei ergänzend angemerkt, dass sich die genannten Einflussbereiche Trainingsdesign und Arbeitsumgebung ebenfalls im Bereich des Transfermanagements im Prozessmodell der Personalentwicklung (Abbildung 2.4) nach Ryschka, Solga, Mattenklott (2011) wiederfinden. Hier kann der Transfer ebenfalls durch die Ausformung des Trainings im Lernfeld und die Gestaltung des Transferklimas im Funktionsfeld (Arbeitsumgebung) beeinflusst werden.[42]

Das Modell von Baldwin und Ford (1988) wurde sowohl von den Autoren selbst als auch durch andere Autoren empirisch untermauert. So haben Blume et al. (2009) beispielsweise eine Meta-Analyse von entsprechenden Studien durchgeführt.[43] Die Autoren untersuchen hierbei den spezifischen Einfluss von verschiedenen Faktoren auf den Transfer. Aber auch Seidel (2012) greift die drei Bereiche Teilnehmende, Training und Arbeitsumgebung auf und liefert eine Übersicht bisheriger empirischer Nachweise. Aus den Studien stellt die Autorin eine zusammenfassende Übersicht zur Verfügung, in der sie die Art der Einflüsse auf den Lern- und Transfererfolg illustriert.[44] Die Erkenntnisse der genannten empirischen Befunde sollen in Abschnitt 4.4.1 des Buches erneut aufgegriffen und näher beleuchtet werden, um zur Herleitung der Entscheidungsräume für Maßnahmen der Transfersicherung beizutragen.

2.2.3 Verortung des Transfers in der Personalentwicklung

Um zu verdeutlichen, an welcher Stelle der Transfer in den Prozess der Personalentwicklung eingeordnet werden kann, greifen die folgenden Ausführungen, wie in Abschnitt 2.1.1 angekündigt, erneut auf den methodenorientierten Zugang zurück.

Im Hinblick auf diesen Zugang herrschen in der Literatur verschiedene Ansichtsweisen. Becker (2005) geht beispielsweise von einem Funktionszyklus der Personalentwicklung mit sechs Schritten aus, an dessen Ende die Transfersicherung steht. Dennoch verdeutlicht der Autor, dass es falsch wäre die Transfersicherung als Anforderung zu verstehen, die erst nach

---

[41] Vgl. Baldwin und Ford 1988, S. 64-65.
[42] Vgl. Ryschka, Solga, Mattenklott 2011, S. 24.
[43] Vgl. Blume et al. 2009.
[44] Vgl. Seidel 2012, S. 47.

14

Abschluss einer Personalentwicklungsmaßnahme erfüllt werden muss. Die Elemente des Funktionszyklus bilden hierbei gemeinsam ein System, weil sie einem inneren Zusammenhang stehen, sich gegenseitig bedingen und in ihren Wirkungen voneinander abhängen.[45]

Das Prozessmodell nach Ryschka, Solga und Mattenklott (2011), welches durch Abbildung 2.4 dargestellt wird, zeigt ein ähnliches Bild. Es wurde an dieser Stelle bewusst gewählt, da es nicht nur eine Einordnung des Transfers in den Prozess der Personalentwicklung zulässt, sondern darüber hinaus eine Einführung des „Transfermanagements" in diesen Prozess vorsieht. Hierdurch wird erneut verdeutlicht, dass der Transfersicherung eine sequenziell begleitende Funktion zugestanden werden kann. Dies impliziert, dass Überlegungen über die Auswahl von Maßnahmen zur Transfersicherung, falls notwendig, bereits bei der Personalentwicklungsplanung berücksichtigt werden können bzw. sollten.

Auf die einzelnen Teilprozesse soll an dieser Stelle nicht eingegangen werden. Nicht zuletzt, weil sich das Prozessmodell diverser Disziplinen bzw. Fachgebiete bedient, die dem der entscheidungsorientierten Betriebs- bzw. Personalwirtschaftslehre und dessen ökonomischen Kalkülen zu fachfremd sind und daher nicht Gegenstand dieses Buches sein sollen. Dies betrifft beispielsweise die Auswahl von geeigneten Vermittlungstechniken oder auch die didaktisch fachgerechte Durchführung der Maßnahme. Auch die verschiedenen Analysen konzentrieren sich nicht vorwiegend auf ökonomische Größen bzw. auf die Entwicklung geeigneter problemorientierter Entscheidungsmodelle.

Im Bereich der Wirksamkeitsanalyse wird zum Beispiel das Evaluationsmodell nach Kirkpatrick (2006) aufgeführt, welches sich in erster Linie psychologischer Paradigmen bedient.[46]

---

[45] Vgl. Becker 2005, S. 17-20.

[46] Vgl. Kirkpatrick 2010.

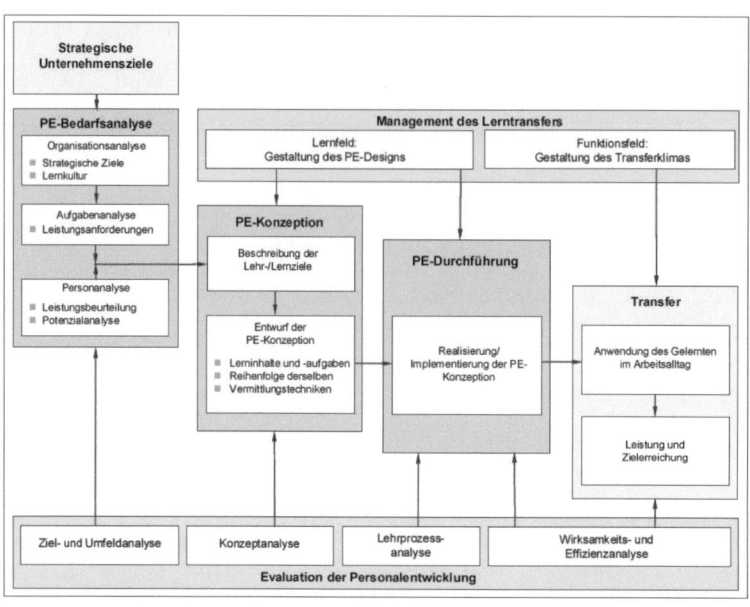

Abbildung 2.4: Prozessmodell der Personalentwicklung

Quelle: Ryschka, Solga, Mattenklott 2011

Dass das angeführte Prozessmodell nicht mehr als eine schrittweise Anleitung für die systematische Durchführung von Personalentwicklungsmaßnahmen sein können, wird deutlich, wenn man in diesem Zusammenhang Drumms Ausführungen zu instrumentellen Theorien der Personalentwicklung berücksichtigt. Denn laut dem Autor können derartige Ansätze ohne breite empirische Überprüfung nur als Kunstlehren bezeichnet werden.[47] Dennoch wird durch die Visualisierung verdeutlicht, an welcher Stelle der Transfer bzw. die Transfersicherung in den Prozess der Personalentwicklung eingeordnet werden kann. Es wird klar, dass der Transfer ein Teilprozess bzw. ein untergeordneter Prozess der Personalentwicklung ist. Diese Erkenntnis wird vor allem im dritten Kapitel des Buches wieder aufgegriffen. Zudem wird durch das Prozessmodell illustriert, dass Maßnahmen der Transfersicherung keinesfalls nur einen reaktiven bzw. einen ex post Charakter aufweisen müssen.

2.2.4 Bedeutung des Transfers in der Personalentwicklung

Nachdem sich der letzte Abschnitt sich mit der Einordnung des Transfers in den Prozess der Personalentwicklung beschäftigte, soll im Folgenden auf dessen Bedeutung in der Personalentwicklung eingegangen werden. Um die Bedeutung zu verdeutlichen, sollen nun einige Auszüge aus einschlägiger Literatur dargestellt werden.

---

[47] Vgl. Drumm 2008, S. 338.

Becker beispielsweise nennt den Lernerfolg und den Transfererfolg als Determinanten des Erfolgs von Personalentwicklungsmaßnahmen. Er weist in diesem Zusammenhang darauf hin, dass der Lernerfolg auch als Binnenerfolg bezeichnet wird und sich somit nur auf Erfolgswirkungen innerhalb der Maßnahme bezieht.[48] Um seine Ausführungen zu untermauern, trifft der Autor die folgende Aussage.

„Personalentwicklungsmaßnahmen sind erst dann erfolgreich abgeschlossen, wenn der Transfer des Gelernten auf die Arbeitssituation dauerhaft stattgefunden hat."[49]

Auch weist er darauf hin, dass die Übertragung des Gelernten in das Arbeitsfeld nicht automatisch geschieht, sondern unterstützender Maßnahmen bedarf.[50]

Harney (1998) verdeutlicht die Bedeutung des Transfers auf ähnliche Weise. Auch er weist darauf hin, dass „[...] *Lehr-Lernprozesse zwar gelingen können – es unabhängig davon aber durchaus möglich ist, dass gerade der Erfolg von der betrieblichen Kooperationspraxis nicht angenommen, sondern [...] abgestoßen und dadurch vernichtet wird.*"[51] Der Autor betont, dass die Frage nach dem Transfer nicht einfach einer diffusen, antwortlosen Umwelt überlassen werden kann, da er den Transfer als Erfolgsbedingung und Grundlage für die Legitimierung von Personalentwicklungsmaßnahmen darstellt.[52]

Yamnill und McLean (2001) teilen diese Ansicht. Die Autoren verdeutlichen, dass Personalentwicklungsmaßnahmen ohne Transfer nutzlos sind, wenn das neue Wissen nicht in das Arbeitsfeld übersetzt werden kann. Weiterhin wird betont, dass man sich mit der Thematik des Transfers beschäftigt muss, um sowohl auf dem individuellen Level als auch im Hinblick auf das Unternehmen die gewünschten Effekte zu erzielen.[53]

Solga (2011) reiht sich mit seinen Ausführungen ein, indem er anführt, dass eine Investition in Weiterbildungsprogramme wenig Sinn hätte, wenn das Gelernte nicht am Arbeitsplatz genutzt werden würde und somit zur Verbesserung der Arbeitsleistung beitragen würde.[54]

Diese Auszüge aus der Fachliteratur ließen sich ohne weiteres fortführen. Darauf soll an dieser Stelle jedoch verzichtet werden, da die Grundaussage durch die Auflistung in ausreichendem Maß verdeutlicht sein sollte.

---

[48] Vgl. Becker 2005, S. 243.
[49] Vgl. Becker 2005, S. 244.
[50] Vgl. Becker 2005, S. 245.
[51] Harney 1998, S. 148-149.
[52] Vgl. Harney 1998, S. 148.
[53] Vgl. Yamnill, McLean 2001, S. 195.
[54] Vgl. Solga 2011, S. 339.

Basierend auf den vorangehenden Ausführungen werden an dieser Stelle zunächst die beiden folgenden Annahmen getroffen.

1) *Der Erfolg einer Personalentwicklungsmaßnahme ist von der Transferleistung der Teilnehmenden in der Weise abhängig, als dass ohne die Anwendung des neu Gelernten im Anwendungsgebiet keine ökonomisch wirksame Steigerung der Personalqualifizierung erfolgen kann.*

2) *Der Transfer ist eine notwendige Voraussetzung für den ökonomisch wirksamen Einsatz der Personalentwicklung als personalwirtschaftliches Instrument.*

Weiterhin soll die folgende Annahme getroffen werden, die in Kapitel 4 des Buches auch empirisch untermauert wird.

3) *Das Maß der Transferleistung kann durch die ökonomisch fundierte Auswahl und Durchführung von Maßnahmen zur Transfersicherung positiv beeinflusst werden.*

Unter Berücksichtigung der ersten drei Aussagen, soll im Rahmen dieses Buches letztendlich die folgende Annahme getroffen werden:

4) *Aufgrund des Wirkungszusammenhangs schließt die ökonomische Legitimierung der Personalentwicklung eine Legitimierung von Maßnahmen zur positiven Beeinflussung der Transferleistung bzw. der Transfersicherung mit ein.*

3. Ökonomische Legitimierung der Personalentwicklung

Nachdem die terminologischen und begrifflichen Grundlagen geklärt wurden und der Transfer in den Komplex der Personalentwicklung eingeordnet wurde, soll nun, basierend auf der entscheidungsorientierten Betriebswirtschaftslehre, der strukturelle Rahmen für die Untersuchung geschaffen werden.

3.1 Systematisierung und Abgrenzung der Problemstellung

Um eine Durchführung von Personalentwicklungsmaßnahmen ökonomisch zu rechtfertigen bzw. zu legitimieren, bieten sich verschiedene theoretische Ansätze an.

Das vorliegende Buch wird sich mit einem Ansatz beschäftigen, der die fundierte Auswahl von Instrumenten zur Transfersicherung ermöglichen soll. Die Auswahl eines derartigen Instruments spiegelt jedoch nur einen Teilbereich personalwirtschaftlichen Handelns wider, dessen Problemlösungscharakter isoliert betrachtet nur schwer nachvollziehbar ist. Um den Problemkontext zu beleuchten und somit die ökonomische Legitimierung der Personalentwicklung bzw. des Transfers zu ermöglichen, soll an dieser Stelle das Handlungsstrukturmodell nach Kossbiel (2002) gewählt werden, welches sich mit den Elementarkategorien des personalwirtschaftlichen Handelns sowie deren spezifischen Zusammenhängen beschäftigt.[55] Das Handlungsstrukturmodell soll nun zunächst allgemein beschrieben werden, bevor in den folgenden Abschnitten die einzelnen Elementarkategorien mit Bezug auf die zugrunde liegende personalwirtschaftliche Problemstellung beleuchtet werden.

Das Handlungsstrukturmodell ähnelt dem Grundmodell der Entscheidungstheorie. In dem Grundmodell lassen sich klassischerweise die Mengen der Handlungsalternativen $A = \{A_1, A_2, \ldots, A_{N_A}\}$, die der Umweltzustände $S = \{S_1, S_2, \ldots, S_{N_S}\}$ sowie die Menge der Ergebnisse x_{as} $(a = 1, 2, \ldots, N_A; s = 1, 2, \ldots, N_S)$ unterscheiden. Des Weiteren liegen sowohl eine Ergebnisfunktion $x_{as} = f(x_a, x_s)$ als auch eine Nutzenfunktion $U(x_a)$ vor.[56]

Das Handlungsstrukturmodell, welches durch Abbildung 3.1 visualisiert wird, weist eindeutige Parallelen zu den oben beschriebenen Eigenschaften des Grundmodells auf. Denn die Handlungsalternativen, Umweltzustände und Ergebnisse sind in den Elementarkategorien Instrumente, Konditionen und Effekte wiederzufinden; auch wenn die Konditionen so wie

---

[55] Vgl. Kossbiel, 2002, S. 476.
[56] Vgl. Laux, Gillenkirch, Schenk-Mathes 2012, S. 30-36.

auch Ergebnis- und Nutzenfunktion durch das Handlungsstrukturmodell eher implizit aufgegriffen werden. Die erstgenannte Funktion spiegelt sich hierbei in den Wirkungszusammenhängen zwischen Instrumenten, Umweltzuständen und Effekten wider. Letztere bezieht sich vor allem auf die Selektivitätsbeziehung zwischen Problemen und Instrumenten. Ein Unterschied besteht außerdem darin, dass das Handlungsstrukturmodell multiple Problemstellungen aufgreift.[57]

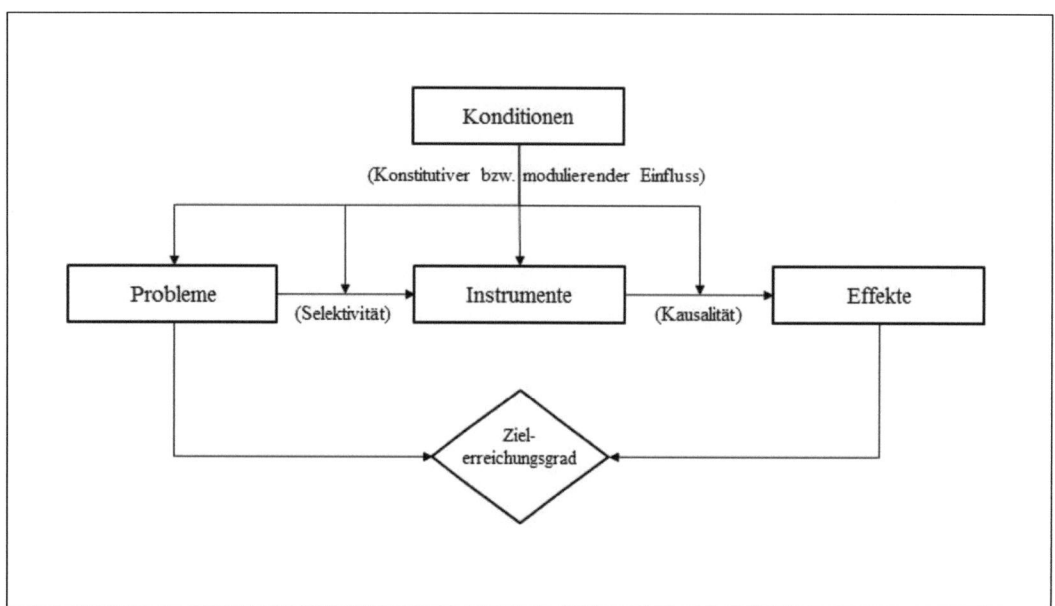

Abbildung 3.1: Handlungsstrukturmodell

Quelle: in Anlehnung an Kossbiel 2002

Aus dem Handlungsstrukturmodell lässt sich eine grundsätzliche Abfolge erkennen. Zur Lösung eines Problems soll aus der Menge an zulässigen Alternativen, das Instrument ausgewählt werden, welches für den Entscheidungsträger den höchsten Nutzen stiftet. Das bedeutet konkret, dass sequenziell (1) Probleme identifiziert werden müssen, bevor (2) hierfür zur Verfügung stehende Instrumente aufgestellt und (3) auf ihre Funktionalität und ihre Wirkung im Hinblick auf die Nutzenmaximierung untersucht werden können.[58]

Mit Bezug auf die in Abschnitt 2.2.4 getroffenen Annahmen sei an dieser Stelle darauf hingewiesen, dass die folgenden Ausführungen zur ökonomischen Legitimierung von Personalentwicklungsmaßnahmen auf indirektem Weg auch Maßnahmen der Transfersicherung legitimieren.

---

[57] Vgl. Spengler 1999, S. 22-23.
[58] Vgl. Spengler 1999, S. 22.

20

3.2 Grundprobleme der Personalwirtschaft

Im Handlungsstrukturmodell ergeben sich Ziele unmittelbar aus dem Vorliegen von Problemen. Diese lassen sich in Sachziele (im Rahmen des Modells Substanzziele) und Formalziele differenzieren. Auf Unternehmensebene sind mögliche Sachziele zum Beispiel Leistungsziele, Führungs- und Organisationsziele sowie Ziele sozialer, ökologischer oder finanzieller Art. Klassische formale Ziele hingegen sind beispielsweise Wirtschaftlichkeit, Produktivität oder Rentabilität. Die Formalziele lassen sich hierbei durch die Erreichung von Sachzielen erfüllen.[59] Im Bereich der Personalwirtschaft lassen sich ebenfalls Sachziele bzw. Substanzziele und Formalziele unterscheiden. Im Folgenden sollen die beiden Grundprobleme und damit automatisch die beiden Substanzziele der Personalwirtschaft hergeleitet und beleuchtet werden, bevor kurz auf Formalziele der Personalwirtschaft eingegangen wird.

Die beiden personalwirtschaftlichen Grundprobleme haben ihren Ursprung in einem relativ trivialen Sachverhalt. Sie resultieren aus der nachvollziehbaren Relativierung bzw. Negierung der Annahme, dass ein (oder mehrere) Unternehmenseigner alle zur Erreichung des Betriebszwecks erforderlichen Aktivitäten ohne personelle Ressourcen bewerkstelligen kann (können). Zum Zweck der Deckung des hierdurch entstehenden Personalbedarfs ist der Unternehmenseigner bestrebt, direkt über Verträge oder indirekt über ein Leih- oder Gruppenarbeitsverhältnis, die notwendigen Dispositionsbefugnisse über Personen zu erhalten. Besitzt der Unternehmenseigner diese Befugnisse, ergibt sich als Folge die Problemstellung der Delegation. Zur Lösung dieses Problems sind die Basisentscheidungen zu berücksichtigen, die im Rahmen des Produktions- und Investitionsprogramms des Unternehmens durchgeführt werden. Denn aus diesem Programm ist der notwendige Personalbedarf abzuleiten.[60] Aus dem Erfordernis der Deckung dieses Bedarfs ergibt sich jedoch noch nicht notwendigerweise ein Problem. Vielmehr ist es die Tatsache, dass menschliche Arbeitskraft ein knappes Gut ist, welches in immer stärkeren Qualitätsunterschieden nachgefragt und angeboten wird. Hinzukommt, dass sowohl der Personalbedarf als auch die Ausstattung eines Betriebes mit Personal im Zeitablauf quantitativen und/oder strukturellen Schwankungen unterliegt.[61]

Aus den oben genannten Gründen ergibt sich das erste Grundproblem der Personalwirtschaft.

---

[59] Vgl. Jung 2006, S. 29-30.
[60] Vgl. Spengler 1999, S. 24.
[61] Vgl. Kossbiel 2002, S. 468-469.

Es wird als Verfügbarkeitsproblem oder auch als Disponibilitätsproblem bezeichnet und thematisiert die Sicherstellung der Verfügbarkeit von Personal in quantitativer, qualitativer, lokaler und temporaler Hinsicht.

Die Deckung des Personalbedarfs ist jedoch noch kein Garant für die Durchsetzung betrieblicher Verhaltensansprüche. Denn eine bedarfsgerechte Personalausstattung führt nicht notwendigerweise zur Erfüllung der normativen Erwartungen, die sich in den Ansprüchen des Betriebes bzw. des Unternehmenseigners widerspiegeln. Dass sich auch hier ein Problem ergibt und dass das Personal sich nicht immer so verhält, wie es sich verhalten sollte, muss und darf, ist durch verschiedene Sachverhalte begründet. Zunächst ändern sich mit einem komplexen, sich ständig wandelnden Unternehmensumfeld regelmäßig auch die Ansprüche an das Personalverhalten. Verhaltensnormen für alle Eventualitäten bzw. Situationen zu formulieren, kann daher als unmöglich angesehen werden. Dies spiegelt sich auch in der Unbestimmtheit von Arbeitsverträgen wider. Weiterhin werden Arbeitskräfte auf Grundlage von personaldiagnostischen Verfahren eingestellt, die zwar eine Entscheidungshilfe sind, per se aber kein sicheres Urteil über hinreichende Befähigungen zur Erfüllung der Verhaltensansprüche zulassen. Auch kann es als Wunschdenken bezeichnet werden, wenn davon ausgegangen wird, dass sich jeder Mitarbeitende im Sinne sämtlicher normativer Verhaltensansprüche verhält. In diesem Kontext ist vor allem opportunistisches Verhalten aufgrund von Informationsasymmetrien zu erwähnen. Insgesamt ist festzuhalten, dass das Personal zum Zweck der Erfüllung normativer Verhaltensansprüche nicht nur ausreichend qualifiziert und motiviert sein muss, sondern von Seiten des Betriebs auch in erforderlichem Maße instruiert und präpariert sein muss. Letzteres bezieht sich hierbei vor allem auf die Versorgung mit den notwendigen Ressourcen und Informationen.[62]

Durch die vorangehenden Ausführungen wurden die zwei Grundprobleme der Personalwirtschaft hergeleitet. Es wurde deutlich, dass sich diese Probleme nicht von selbst lösen. Aus diesem Grund ist anzunehmen, dass für die Lösung dieser Probleme spezielle Instrumente herangezogen werden müssen.

Als Auswahlkriterium für derartige Instrumente hat sich generell der Erfüllungsgrad der oben bereits genannten Formalziele etabliert. Im Hinblick auf die Personalwirtschaft wird von dieser Sichtweise in der Weise abgerückt, als dass bereits im übergeordneten Bereich der Formalziele neben rein ökonomischen Zielen auch humane Ziele verfolgt werden. Die folgende Definition klärt den inhaltlichen Charakter dieser beiden Formalziele.

---

[62] Vgl. Kossbiel 2002, S. 469-470.

„Ökonomische Ziele stellen sich inhaltlich als Streben nach Vermögens- bzw. Einkommenssicherung und –steigerung (und damit gleichzeitig nach Wirtschaftlichkeit, Kostendeckung, Gewinn, Rentabilität) dar; humane Ziele sind auf die Befriedigung personaler und sozialer Erhaltungs- und Entfaltungsbedürfnisse gerichtet.“[63]

Diese zwei verschiedenen Zielstellungen werfen automatisch die Frage nach der Zielgewichtung oder Zielinterdependenzen bei der Auswahl von personalwirtschaftlichen Instrumenten auf. Auch ist in diesem Kontext zu berücksichtigen, dass eine trennscharfe Zurechnung von ökonomischen Zielen auf die Unternehmenseigner und von humanen Zielen auf die Mitarbeitenden nicht vorgenommen werden darf. Aus Komplexitätsgründen sei an dieser Stelle jedoch auf eine tiefergehende Untersuchung dieser Problematik verzichtet.

3.3 Personalentwicklung als personalwirtschaftliches Instrument

In Abschnitt 2.2.3 wurde bereits herausgestellt, dass der Transfer ein Teilprozess der Personalentwicklung ist. Dies impliziert, dass Instrumente der Transfersicherung allein keine Lösungsansätze für die oben genannten Grundprobleme der Personalwirtschaft bieten können. Auch wenn die Ausführungen in Abschnitt 2.2.4 der Transfersicherung eine essentielle Bedeutung zugeschrieben haben, muss der Ausgangspunkt für die folgenden Ausführungen zunächst im Hauptprozess, also der Personalentwicklung selbst liegen. Dieser Zusammenhang erklärt, warum sich das dritte Kapitel bisher und auch weiterhin mit der Personalentwicklung als Instrument zur Lösung personalwirtschaftlicher Probleme beschäftigt.

An diesem Punkt sei jedoch ausdrücklich darauf hingewiesen, dass sich das vorliegende Buch nicht mit dem schon vielfach untersuchten Entscheidungsproblem der Auswahl einer optimalen Personalentwicklungsmaßnahme beschäftigen wird. Davon isoliert widmet sie sich der Herleitung eines Entscheidungsmodells zur Auswahl von Maßnahmen zur Transfersicherung. Auf diesen Sachverhalt wird jedoch ausführlicher in Abschnitt 4.1 eingegangen.

Weiterhin sei angeführt, dass die Betrachtung dieses Entscheidungsproblems ebenfalls in der Weise isoliert stattfinden wird, als dass die spezifischen Eignungen von Maßnahmen der Transfersicherung für die verschiedenen Maßnahmen der Personalentwicklung nicht berücksichtigt werden können. Dies hängt zum einen mit dem thematischen Schwerpunkt des Buches, aber vor allem auch mit der Komplexität dieses Sachverhalts zusammen.

---

[63] Kossbiel 2002, S. 485.

Im Folgenden ist zu klären wie die Personalentwicklung als Instrument zur Lösung der Disponibilitäts- und Funktionalitätsproblematik eingesetzt werden kann. Im Bereich der Personaldisposition stellt sich der Wirkungszusammenhang als relativ offensichtlich dar. Zu den allgemeinen Maßnahmen der Personalausstattung gehören, neben den betriebsexternen Arbeitsmarkt betreffenden Maßnahmen, auch die, die sich auf den betriebsinternen Arbeitsmarkt beziehen. Die Personalentwicklung ist hierbei als Alternative zur klassischen externen Personalbeschaffung zu sehen.[64] Sie dient der Angleichung von Ist- und Soll-Personalausstattung und damit der Schließung der Deckungslücke, die durch die Abweichung von gegenwärtigen Kenntnissen und Fähigkeiten von gegenwärtigen und zukünftigen Anforderungen definiert wird.[65] Auch wenn diese Wirkungsweise für gewöhnlich nicht isoliert betrachtet werden kann, da Personalentwicklungsmaßnahmen ebenfalls Auswirkungen auf die Personaleinsatzplanung haben, seien diese, aufgrund des thematischen Schwerpunkts der des Buches, für die folgenden Ausführungen ausgeklammert.

Im Hinblick auf die Wirksamkeit des Personals ist der Zusammenhang etwas diffuser. Wie bereits in Abschnitt 2.1.1 erwähnt, wird das Personalverhalten durch die vier Faktoren Instruktion, Präparation, Motivation und Qualifikation determiniert.[66] Hierzu sei gesagt, dass die Instruktion und Präparation vorwiegend von den im vorangehenden Abschnitt genannten Produktions- und Investitionsentscheidungen abhängen und somit nur bedingt durch Personal-entwicklungsmaßnahmen beeinflusst werden können. Derartige Maßnahmen dienen in erster Linie der Beeinflussung der Motivation und Qualifikation. Abbildung 3.2 illustriert die Zusammenhänge zwischen dem Personalverhalten und entsprechenden Maßnahmen auf Unternehmensseite. Außerdem werden sowohl Fremdeinflüsse als auch Persönlichkeitsmerkmale als zwei weitere Einflussfaktoren des Personalverhaltens identifiziert.

Personalentwicklungsmaßnahmen sind unter Berücksichtigung von Abbildung 3.2 in den Bereich der Verhaltenslenkung einzuordnen.[67] Es ist offensichtlich, dass die vier Aspekte des Personalverhaltens Interdependenzen aufweisen können. Denn so ist es beispielsweise denkbar, dass ein Mitarbeitender hochmotiviert ist, aber aufgrund eines Defizits in seiner/ihrer Qualifikation nicht in der Lage ist, sich im Rahmen der betrieblichen Ansprüche zu verhalten. Ebenso können sich Defizite in der Motivation auswirken. Ein anderes Problem

---

[64] Vgl. Kossbiel 2002, S. 495.
[65] Vgl. Drumm 2008, S. 340-341.
[66] Vgl. Vgl. Kossbiel 2002, S. 470.
[67] Vgl. Spengler 1999, S.29.

kann darin liegen, das ein Mitarbeitender ausreichend qualifiziert und motiviert, aber nicht hinreichend präpariert, also nicht mit den notwendigen Ressourcen ausgestattet ist.

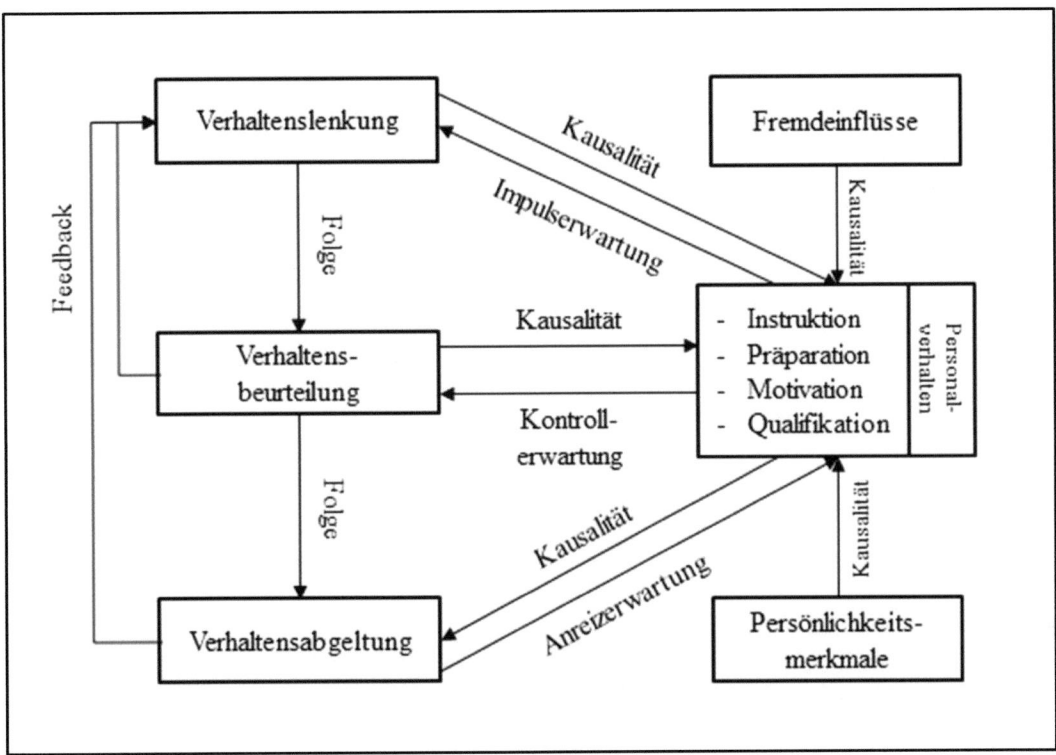

Abbildung 3.2: Wirkungszusammenhänge Instrumente und Personalverhalten

Quelle: Kossbiel 2002

3.4 Effekte der Personalentwicklung

Zunächst soll die allgemeine Wirkung der Personalwirtschaft auf den Unternehmensgewinn illustriert werden, bevor in diesem Zusammenhang auf die Effekte der Personalentwicklung mit Bezug auf die zwei Grundprobleme der Personalwirtschaft eingegangen wird.

Für die Verdeutlichung der Gewinnwirkung bietet sich die Wertkette bzw. Wertschöpfungskette nach Porter (2000) an. Diese unterteilt das Unternehmen in zwei Arten bzw. Gruppen von Wertaktivitäten, die auf unterschiedliche Weise die Gewinnspanne eines Unternehmens beeinflussen. Illustriert wird die Wertkette in Abbildung 3.3.

Im Rahmen dieser Wertkette wird zwischen primären und unterstützenden Aktivitäten unterschieden. Die primären Aktivitäten generieren einen direkten Beitrag im Wertschöpfungsprozess von Produkten und/oder Dienstleistungen. Zu ihnen gehören Eingangslogistik, Produktion, Ausgangslogistik, Marketing und Vertrieb sowie Kundendienst.

Die unterstützenden Aktivitäten können als Voraussetzungen für die primären Tätigkeiten gesehen werden. Sie dienen deren Koordination, aber auch der Koordination der unterstützenden Aktivitäten untereinander. Zu dieser Gruppe der Aktivitäten zählen die Gestaltung der Unternehmensinfrastruktur, die Personalwirtschaft, die Technologie-entwicklung sowie die Beschaffung von Roh-, Hilfs- und Betriebsstoffen. Die unterstützenden Aktivitäten sind demnach nur indirekt am Wertschöpfungsprozess beteiligt.[68] Es kann also festgehalten werden, dass die Personalwirtschaft als eine von mehreren unterstützenden Aktivitäten „nur" einen partiellen und indirekten Einfluss auf die Gewinnspanne eines Unternehmens hat.

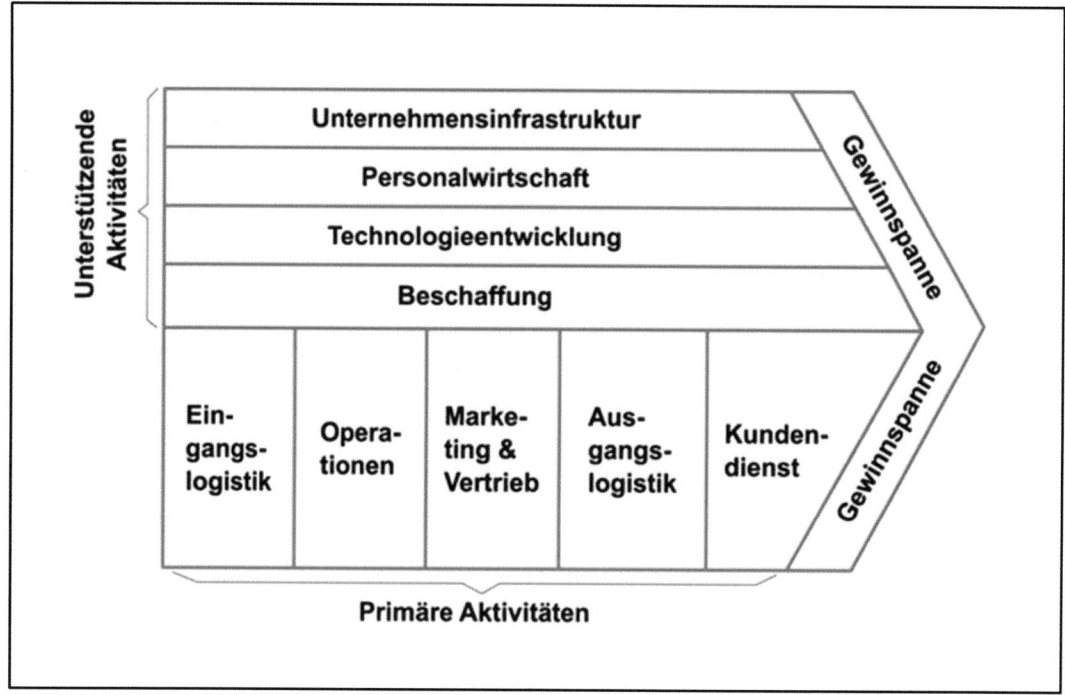

Abbildung 3.3: Wertkette einer Unternehmung

Quelle: Porter 2000

Um den Blick auf die zwei Grundprobleme zu wenden, soll an dieser Stelle die Aussage aus Abschnitt 3.2 erneut aufgegriffen werden, laut der die Erfüllung der Substanzziele auch der Erreichung der formalen Ziele dient. Um die Wirkung der Personalentwicklung auf die Formalziele, in diesem Fall ökonomische Ziele, zu verdeutlichen und den instrumentellen Charakter der Personalentwicklung für die Lösung des Disponibilitäts- und Funktionalitäts-problems zu verdeutlichen, sollen im Folgenden einige Aspekte eines Modells der strategischen Personalplanung nach Spengler (1999) skizziert werden. Das Modell basiert auf

---

[68] Vgl. Porter 2000, S.65-67.

dem Prinzip der flexiblen Planung und stellt einen entscheidungsorientierten Lösungsansatz dar, welcher der Klasse der simultanen Produktions- und Personalplanung zuzuordnen ist. Eine der wichtigsten Annahmen des Modells ist, dass Veränderungen der Personalausstattung lediglich durch die Schulung von Arbeitskräften erreicht werden können. Die genannten Schulungen sind im Rahmen des Modells immer erfolgreich und dauern jeweils eine Planungsperiode. Die Nachfrage in der ersten Periode ist bekannt, danach kann in jeder Periode des Planungshorizonts mit unterschiedlicher, aber gegebener Wahrscheinlichkeit eine geringe oder hohe Nachfrage für die Produkte eintreten. Zuletzt ist unterstellt, dass der Entscheider risikoneutral ist und sich am Bernoulli-Prinzip orientiert. Er wählt die Alternative mit dem höchsten Erwartungswert des Nettoerfolgs.[69]

Die Zielfunktion des Modells lautet hierbei wie folgt. [70]

$$\sum_{j \in J_T} \widehat{w}_j \cdot NE_j \to max! \quad (3.1)$$

Wobei sich Nettoerfolg (NE), der bei der zu Zustand $j \in J_T$ führenden Zustandsfolge erzielt wird, durch die folgende Gleichung (3.2) ergibt. [71]

$$NE_j = \sum_{j^* \in J_j^*} \left[\sum_{k \in \bar{K}} DB_{kj^*} \cdot x_{kj^*} - \sum_{r \in \bar{R}} \left(GK_{rj^*} \cdot PA_{rj^*} + \sum_{r^* \in R_r^*} SK_{r,r^*,j^*} \cdot S_{r,r^*,j^*} \right) \right] \forall j \in J_T$$

Eine Restriktion (3.3) des Modells soll ebenfalls aufgeführt werden.[72]

$$\sum_{q \in \hat{Q}} \sum_{k \in K_q} a_{qk} \cdot x_{kj} \leq \sum_{\substack{r \in UR_q \\ q \in \hat{Q}}} \left(PA_{rj} - \sum_{r^* \in R_r^*} S_{r,r^*,j} \right) \forall j \in \bar{J}, \hat{Q} \in f(\bar{Q}) \backslash \{\emptyset\}$$

Die entsprechenden Indices und Indexmengen seien dem Symbolverzeichnis zu entnehmen. Verbal lässt sich die Formel wie folgt ausdrücken. Der Nettoerfolg für eine Zustandsfolge ergibt sich aus Summe der Deckungsbeiträge der Produkte (Erlöse abzüglich variabler Kosten) vermindert um die Summe der Gehaltskosten für die notwendige Personalausstattung sowie die Kosten für Personalschulungen. Die Schulungskosten werden hierbei durch die Anzahl der zu schulenden Arbeitskräfte und den Schulungskostensatz bestimmt. Sind die Nettoerfolge für die einzelnen Zustandsfolgen berechnet, lässt sich mithilfe der zugehörigen

---

[69] Vgl. Spengler 1999, S. 149.
[70] Spengler 1999, S. 150.
[71] Spengler 1999, S. 152.
[72] Spengler 1999, S. 151.

Wahrscheinlichkeiten ebenfalls der Erwartungswert des Nettoerfolgs bestimmen, der laut Zielfunktion (3.1) zu maximieren ist. Die Restriktion (3.3) stellt hierbei sicher, dass jeder Teilpersonalbedarf und jede Kombination von Teilpersonalbedarfen durch die Bereitstellung entsprechend qualifizierten Personals gedeckt wird.

Aus den vorangehenden Ausführungen können bereits die gewünschten Erkenntnisse gewonnen werden, sodass eine ausführlichere Darstellung des Modells nicht notwendig ist. Aus dem vorliegenden Entscheidungsmodell der strategischen Personalplanung kann abgeleitet werden, dass Personalentwicklungsmaßnahmen, die der Deckung des Personalbedarfs (Substanzziel) dienen, in der Weise Auswirkungen auf den Unternehmensgewinn haben, als dass durch ihre Kosten der Gesamtdeckungsbeitrag der produzierten Güter geschmälert wird bzw. durch die angestrebte Minimierung der Kosten Einsparungen erreicht werden können (Formalziel). Auch wird gezeigt, dass Produktionsprogramme und einhergehende Gewinne durch den Absatz von Produkten nur bei Deckung des Personalbedarfs verwirklicht werden können (Restriktion 3.3). Dies unterstreicht die unterstützende Funktion der Personalwirtschaft und ihrer Instrumente für die Erfüllung der primären Aktivitäten eines Unternehmens, welche maßgeblichen Einfluss auf den dessen Gewinn haben.

Aus Komplexitätsgründen klammert das oben skizzierte Modell die Funktionalitäts-problematik aus bzw. sieht diese als gelöst an. Es geht hierdurch auch nicht auf den Zusammenhang der beiden Grundprobleme ein. Eine Trennung der beiden Teilprobleme ist in der Realität jedoch, nicht zuletzt aufgrund ihres gemeinsamen Ursprungs, weder sinnvoll noch zielführend. Dies hängt unter anderem auch damit zusammen, dass eine isolierte Durchführung von Personalentwicklungsmaßnahmen für die Bearbeitung einer der beiden Problembereiche nicht erstrebenswert ist. Denn führen Maßnahmen zum Beispiel zu einer Erhöhung der Personalqualifikation, kann dies ebenfalls positive Auswirkungen auf das Personalverhalten haben, da die Qualifikation einer der vier Faktoren ist, die das Verhalten beeinflussen.

Betrachtet man im Rahmen des Modells das Problem der Verhaltensbeeinflussung mithilfe der Durchführung von Personalentwicklungsmaßnahmen zur Deckung des Personalbedarfs als ebenfalls gelöst, so sind bezüglich der Funktionalitätsproblematik auch nur die obigen Kosteneffekte zu berücksichtigen. Verlässt man den Rahmen des Modells, können diese Effekte jedoch anders ausgeprägt sein. Es können weitere Kosten (formalzielbezogen) durch verhaltensbeeinflussende Personalentwicklungsmaßnahmen anfallen, die zum Beispiel eine

Steigerung der Motivation (substanzzielbezogen) erzielen sollen. Im Kontext der beiden Grundprobleme seien in diesem Zusammenhang ebenfalls Opportunitätskosten aufgrund der entfallenden Arbeitsleistung der teilnehmenden Mitarbeiter oder Kosten durch die erneute Durchführung einer Maßnahme aufgrund unbefriedigender Ergebnisse genannt.[73]

An dieser Stelle soll darauf hingewiesen werden, dass die Personalentwicklung lediglich ein Instrument zur Verhaltenslenkung ist. Die Bereiche der Verhaltensbeurteilung (Soll-ist-Vergleiche, Abweichungsanalysen) und der Verhaltensabgeltung (Anreize, Kriterien, Kriteriums-Anreiz-Relationen) spielen im Rahmen des Personalverhaltens ebenfalls eine wichtige Rolle, (siehe Abbildung 3.2) werden im Rahmen des vorliegenden Buches aber nicht berücksichtigt, da Personalentwicklungsmaßnahmen hier keine Anwendung finden.[74]

---

[73] Vgl. Glazinski, Schulte-Mathmann 2006, S. 102.
[74] Vgl. Spengler 1999, S. 29.

4. Untersuchung ausgewählter Entscheidungsmodelle

Das folgende Kapitel soll sich der Beschreibung und Untersuchung von Entscheidungsmodellen widmen, die für das vorliegende Entscheidungsproblem in Erwägung gezogen werden können. Hierfür soll das Entscheidungsproblem zunächst noch einmal konzise herausgestellt werden.

4.1 Verdeutlichung des Entscheidungsproblems

In Abschnitt 3.2 wurde verdeutlicht, dass die zwei personalwirtschaftlichen Grundprobleme sich nicht von allein lösen, sondern es hierfür spezieller Instrumente bedarf. Die Personalentwicklung wurde in diesem Zusammenhang als ein Instrument zur Lösung dieser Probleme herausgestellt. Diese Herangehensweise war nötig, um die Notwendigkeit des untergeordneten Prozesses des Transfers zu ergründen. An dieser Stelle sei aber erneut darauf hingewiesen, dass sich das vorliegende Buch nicht mit dem Entscheidungsproblem der Auswahl einer geeigneten Personalentwicklungsmaßnahme beschäftigt. Sie konzentriert sich auf einen Teilbereich der Personalentwicklung, und zwar den Transfer. Zum einen, weil dieser als für die Personalentwicklung essentiell herausgestellt wurde, zum anderen, weil es nach der im Rahmen des Buches durchgeführten Literaturrecherche so scheint, als wäre dieser Bereich noch nicht ausreichend ökonomisch beleuchtet worden. Im Hinblick auf den Transfer ergibt sich ein ähnliches Entscheidungsproblem, nämlich das über die Entscheidung einer Maßnahme zur Transfersicherung.

4.2 Quantitativ orientierte Modelle bei Unsicherheit

In diesem Abschnitt werden zunächst quantitativ orientierte Entscheidungsmodelle erläutert und auf ihre Eignung hin untersucht. Hierbei wird von einer Entscheidungssituation unter Unsicherheit ausgegangen, da vor allem im Transferbereich angenommen werden kann, dass exakte Prognosen über die Effekte möglicher Maßnahmen nur schwer vorhersehbar sind.

4.2.1 Kapitalwert-Methode

Im Allgemeinen wird durch eine Investition Kapital in Vermögenswerte gewandelt. Für gewöhnlich wird sie erst als solche bezeichnet, wenn sie eine langfristige Kapitalbindung nach sich zieht. Investitionen unterscheiden sich also wesentlich von laufend anfallenden Kosten für Löhne und Gehälter oder Materialvorräte. Sie lassen sich nach ihrem Investitionsobjekt zunächst in Sachinvestitionen, wie zum Beispiel Grundstücke, Gebäude oder Maschinen sowie Finanzinvestitionen, zu denen Kredite oder Aktien gehören, unterteilen. Eine weitere Investitionsart sind wirkungsbezogene, immaterielle Investitionen, welche die Verwendung von Kapital für Patente und Lizenzen, Forschung und Entwicklung oder nicht zuletzt für Personalentwicklungsmaßnahmen mit ihren untergeordneten Maßnahmen zur Transfersicherung umfassen können.[75]

Investitionen haben für Unternehmen eine große strategische Bedeutung, da ihr langfristiger Charakter zu hohen Zahlungsströmen in der Zukunft führt. Umso wichtiger ist es Investitionsmöglichkeiten in Bezug auf ihre Vorteilhaftigkeit miteinander zu vergleichen. Die genauen Auswirkungen der Investition in der Zukunft sind jedoch unsicher.[76] In der Regel lassen sich jedoch zumindest Erwartungen bezüglich der Einzahlungen verschiedener Investition anstellen, die in den Vergleich von Alternativen einfließen können. Es wird argumentiert, dass diese Annahme sicherer Erwartungen keine geeignete Grundlage für Investitionsentscheidung sei und man sich aus diesem Grund zumindest größeren Rechenaufwand sparen könne. Dieser Sachverhalt kann aber als kontrovers angesehen werden und soll an dieser Stelle nicht weiter ausgeführt werden. Es sei jedoch darauf hingewiesen, dass Investitionsrechnungsverfahren zumindest in der Weise die Unsicherheit reduzieren, als dass sie im Falle des tatsächlichen Eintritts der Erwartungen eine Entscheidungsgrundlage zur Eliminierung unrentabler Investitionsalternativen schaffen konnten.[77] In diesem Zusammenhang kann wiederum diskutiert werden, dass sogar bei geringen Abweichungen von Erwartungen und tatsächlichen Ereignissen noch eine im Hinblick auf die Zielsetzung optimale Auswahlentscheidung getroffen werden kann. Dies hängt allerdings stark davon ab, wie groß die Unterschiede der Alternativen bezüglich des Entscheidungskriteriums sind.

Für die oben genannte Analyse und den Vergleich von Investitionsmöglichkeiten, das heißt das Treffen von Investitionsentscheidungen, bieten sich zahlreiche Verfahren an, die je nach Charakter des Entscheidungsproblems variieren. Die folgenden Ausführungen gehen von einem Auswahlproblem, also von einer Einzelentscheidung aus, in dessen Rahmen sowohl statische als auch dynamische Verfahren zur Lösung genutzt werden können. Das Hauptunterscheidungsmerkmal der beiden Verfahren ist der zugrunde liegende Zeithorizont. Statische Verfahren betrachten jeweils nur eine Periode, weshalb vor allem auf Jahresdurchschnittswerte zurückgegriffen wird. Im Gegensatz zu den dynamischen Verfahren, die eine Betrachtung von mehreren Perioden vorsehen, müssen statische Verfahren somit

---

[75] Vgl. Becker 2013, S. 37.
[76] Vgl. Becker 2013, S. 38.
[77] Vgl. Ermschel, Möbius, Wengert 2013, S. 31.

nicht den Sachverhalt berücksichtigen, dass der Wert von Zahlungsströmen in zukünftigen Perioden geringer ist als ihr Gegenwartswert.[78] Da im Rahmen der Durchführung von Maßnahmen der Transfersicherung davon ausgegangen werden kann, dass deren Effekte sich oft erst langfristig zeigen können, ist eine Betrachtung mehrerer Perioden, wie sie die dynamischen Verfahren vorsehen zu bevorzugen. Zu den dynamischen Verfahren gehört auch die Kapitalwert-Methode, die im Folgenden näher betrachtet werden soll. Hierzu soll das Grundgerüst der Kapitalwertmethode zunächst verbal skizziert werden.

Wird eine Investition getätigt, so ist für gewöhnlich eine Auszahlung (I_0) zu Beginn des Betrachtungszeitraums (t_0) zu leisten. Über die Nutzungsdauer (n) hinweg können in den Perioden (t_n) Einzahlungen (e_t), aber auch weitere Auszahlungen (a_t) entstehen. Alle Einzahlungen und Auszahlungen einer Periode lassen sich jeweils zu einem Einzahlungsüberschuss zusammenfassen ($z_t = e_t - a_t$). Weiterhin kann am Ende der Nutzungsdauer ein Restwert der Investition verbleiben. Soll das Investitionsobjekt zu diesem Restwert verkauft werden, wird hierdurch ein Liquiditätserlös (L_n) erzielt, der wie eine weitere Einzahlung betrachtet wird.[79] Insgesamt ergibt sich hierdurch formal für den Kapitalwert (C_0) einer Investition die folgende Gleichung.[80]

$$C_0 = -I_0 + \sum_{t=1}^{n} \frac{z_t}{(1+i)^t} + \frac{L_n}{(1+i)^n} \quad (4.1)$$

Wie bereits erwähnt, berücksichtigen dynamische Investitionsverfahren zeitbezogene Wertunterschiede von Zahlungsströmen. Dies erfolgt durch die Berechnung der Barwerte (K_0) der einzelnen Zahlungsströme. Wie aus der Gleichung ersichtlich, erhält man den gegenwärtigen Barwert durch das Abzinsen ($(1+i)^t$) der Zahlungsüberschüsse. Der Zins spiegelt hierbei die Opportunitätskosten wider, die beispielsweise durch den Verzicht auf Liquidität und/oder Zinserträge für die alternative Anlage des Geldes entstehen können.[81] Zusammenfassend ergibt sich der Kapitalwert einer Investition letztlich aus der Summe der Barwerte aller Einzahlungsüberschüsse sowie aus eventuellen Liquiditätserlösen. Der Kapitalwert kann sowohl positiv ($C_0 > 0$), negativ ($C_0 < 0$) als auch erfolgsneutral ($C_0 = 0$) ausfallen. Aus verschiedenen Investitionsmöglichkeiten ist diejenige auszuwählen, die zum gegenwärtigen Zeitpunkt den höchsten Kapitalwert aufweist. Auf die Durchführung von Investitionen mit negativem Kapitalwert sollte grundsätzlich verzichtet werden, da die

---

[78] Vgl. Becker 2013, S. 38-41.
[79] Vgl. Ermschel, Möbius, Wengert 2013, S. 51-52.
[80] Ermschel, Möbius, Wengert 2013, S. 51.
[81] Vgl. Ermschel, Möbius, Wengert 2013, S. 49.

Auszahlungen der Investitionen ihre Einzahlungen übersteigen.[82]

Um das Verfahren im Rahmen der Auswahl einer Maßnahme zur Transfersicherung zu verdeutlichen, soll an dieser Stelle ein sehr einfaches Beispiel illustriert werden. Es sei angenommen, dass ein Entscheidungsträger aus zwei Investitionen in Maßnahmen zur Transfersicherung diejenige auswählen will, die (potenziell) den höchsten Ertrag respektive den höchsten Kapitalwert bietet. Die Maßnahmen seien hierbei beispielhaft aus dem Bereich der Arbeitsumgebung (siehe Abschnitt 2.2.2) gewählt.

1) *Trainings sollen zukünftig durch eine vorgelagerte Befragung der Teilnehmer zu den Anwendungsmöglichkeiten der Lehrinhalte geprüft und ggf. angepasst werden.*

Annahmen: Die Erstellung der Befragung verursacht zunächst einmalig Kosten. Ist diese erstellt, fallen in den folgenden Perioden lediglich Durchführungskosten an. Hat sich das Befragungsverfahren erst etabliert, führt dies unter der Annahme, dass jede Periode eine Personalentwicklungsmaßnahme durchgeführt wird, langfristig zu konstanten Einzahlungen bis zum Ende des Betrachtungszeitraums.

2) *Vorgesetzten soll zukünftig ein festes Stundenbudget für die Betreuung und Unterstützung von Mitarbeitenden zugeschrieben werden, um die Anwendung theoretischer Inhalte im Anwendungsgebiet zu fördern.*

Annahmen: Zunächst fallen Kosten für die Einweisung der Vorgesetzten an. In den Folgeperioden fällt ebenfalls ein gewisser Prozentsatz der Personalkosten der Vorgesetzten für die Betreuung der Mitarbeitenden an. Diese können auch als Opportunitätskosten gesehen werden. Es sei in diesem Fall von nur einer Personalentwicklungsmaßnahme ausgegangen. Der Anwendungsgrad der Inhalte steigere sich durch die Unterstützung der Vorgesetzten sukzessiv im Laufe des Betrachtungszeitraums.

Im Falle von Maschinen lassen sich Nutzungszeiträume oft vorhersagen. Anders verhält es sich mit immateriellen Investitionen. So lässt sich zum Beispiel schwer prognostizieren, wie lange eine Intensivierung der Forschung und Entwicklung zusätzliche Gewinne abwerfen wird. Das gleiche gilt für Transfersicherungsmaßnahmen. Zur Lösung dieses Problems bieten sich grundsätzlich zwei Optionen an. Eine Möglichkeit besteht darin bei der Investitionsentscheidung von einem Zeithorizont auszugehen, in dem die Formulierung von Erwartungen noch als plausibel angesehen werden kann. Die andere Möglichkeit wäre, unter

---

[82] Vgl. Ermschel, Möbius, Wengert 2013, S. 51.

der Annahme, dass derartige Maßnahmen zu dauerhaften, gleichbleibenden Einzahlungen führen, eine unendliche Rente in Gleichung (4.1) einzubinden. Letztere Option scheint aufgrund von zwei Aspekten für das vorliegende Entscheidungsproblem eher ungeeignet. Erstens würde die Verwendung einer unendlichen Rente implizieren, dass Mitarbeitende ewig im Unternehmen verbleiben. Zweitens hat die Wahl der unendlichen Rente sehr starken Einfluss auf den Kapitalwert. Es kann als kontrovers angesehen werden, ob dies im Hinblick auf die Unsicherheit der Erwartungen als sinnvoll erachtet werden kann.

Aus oben genannten Gründen wird im Folgenden die erste Option beleuchtet, die von einem realistischen Planungshorizont von 5 Jahren ($t = 5$) ausgeht. Der Zinssatz, der auf dem Kapitalmarkt für die Anlage des Geldes erzielt werden könnte, liege bei 5 Prozent. Ein Restwert der Investition verbleibt nicht, sodass kein Liquiditätserlös erzielt wird. Weiterhin werden den beiden Investitionen die folgenden Zahlungsströme (in GE) unterstellt.

	t_0	t_1	t_2	t_3	t_4	t_5	C_0
1	$I_0 = 5000$	$a_1 = 200$ $e_1 = 1000$	$a_1 = 200$ $e_2 = 1500$	$a_1 = 200$ $e_3 = 2000$	$a_1 = 200$ $e_4 = 2000$	$a_1 = 200$ $e_5 = 2000$	1387,16
2	$I_0 = 1500$	$a_1 = 3000$ $e_1 = 1500$	$a_2 = 3000$ $e_2 = 2500$	$a_3 = 3000$ $e_3 = 3500$	$a_4 = 3000$ $e_4 = 4500$	$a_5 = 3000$ $e_5 = 5500$	242,70

Tabelle 4.1: Zahlungsströme der Investitionsmöglichkeiten (in GE)

Zur Berechnung des Kapitalwerts werden alle gegebenen Daten in Gleichung (4.1) eingesetzt. Zur Veranschaulichung soll dies für die erste Maßnahme formal illustriert werden.

$$C_0^1 = -5000 + \frac{800}{1,05^1} + \frac{1300}{1,05^2} + \frac{1800}{1,05^3} + \frac{1800}{1,05^4} + \frac{1800}{1,05^5} = 1387,16$$

Die Berechnung des Kapitalwertes der zweiten Maßnahme ist dem Anhang zu entnehmen. Betrachtet man die in Tabelle 4.1 errechneten Ergebnisse für den Kapitalwert der Investitionsalternativen, so wird sich der Entscheidungsträger im dargestellten Fall für die Investition 1 bzw. die Maßnahme 1 entscheiden.

4.2.2 Entscheidungsregeln bei Unsicherheit

Im vorangehenden Abschnitt wurde im Rahmen der Kapitalwert-Methode angenommen, dass alle in der Formel enthaltenen Variablen als feste und sichere Größen in die Berechnung einfließen. Diese Annahme soll nun relativiert werden, indem die Inputgrößen als unsicher angesehen werden.

Unsicherheit kann in zwei Formen vorliegen. Grundsätzlich sind Situationen unter

Ungewissheit von Situationen unter Risiko zu unterscheiden. Im Falle der Ungewissheit kann der Entscheidungsträger zwar den Ereignisraum, das heißt die jeweiligen Ergebnisse der möglichen Umweltzustände, definieren, eine Eintrittswahrscheinlichkeiten kann diesen aber nicht zugeordnet werden. Anders verhält es sich bei Situationen unter Risiko. Hier können sowohl der Ereignisraum als auch die zugehörigen Wahrscheinlichkeiten durch den Entscheidungsträger determiniert werden.[83]

Für beide Entscheidungssituationen haben sich zahlreiche Regeln bzw. Verfahren durchgesetzt, die es dem Entscheidungsträger erlauben, eine Beurteilung der als unsicher angesehenen Investitionen vorzunehmen, um so eine Auswahl der vorteilhaftesten Alternative zu ermöglichen.[84] Die genannten Regeln und Verfahren für die Entscheidungsfindung unter Unsicherheit werden beispielhaft durch Abbildung 4.1 illustriert. Da es für das vorliegende Buch weder notwendig noch zielführend ist, sollen an dieser Stelle aber nur einige der in Abbildung 4.1 aufgeführten Verfahren näher beleuchtet werden.

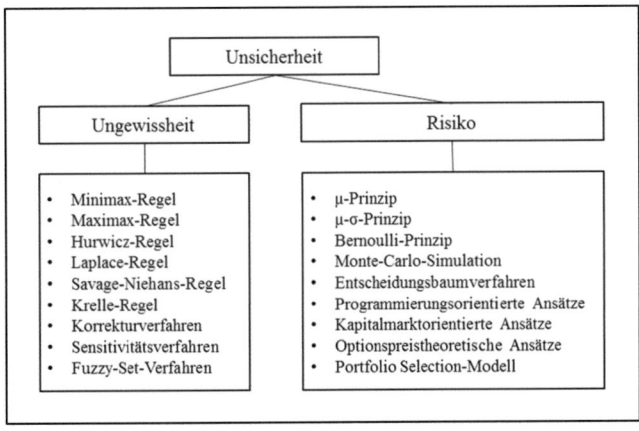

Abbildung 4.1: Entscheidungsmodelle bei Unsicherheit

Quelle: Ryschka, Solga, Mattenklott 2011

Um die verschiedenen Entscheidungsregeln zu erläutern, sei zunächst die folgende Entscheidungssituation dargestellt. Ein Entscheidungsträger habe die Wahl zwischen drei verschiedenen Maßnahmen der Transfersicherung. Es sei angenommen, dass die Maßnahmen dazu eingesetzt werden, den Mitarbeitenden, die im Verkauf tätig sind, dabei zu unterstützen, die in einer Personalentwicklungsmaßnahme gelernten Inhalte auch in der Praxis anzuwenden. Hierbei hängt der Erfolg der Maßnahme davon ab, inwieweit Widerstände auf Seiten der Mitarbeitenden vorhanden sind. Der durchschnittliche Widerstand, begründet

---

[83] Vgl. Ermschel, Möbius, Wengert 2013, S. 79-80.
[84] Vgl. Ermschel, Möbius, Wengert 2013, S. 83.

durch Merkmale der Personen, kann hierbei eine geringe, mittlere oder hohe Ausprägung haben. Indikator für die Güte bzw. Vorteilhaftigkeit der Maßnahmen sei im vorliegenden Fall die durch die Erhöhung der Verkaufszahlen eines Produktes erzielte Gewinnsteigerung, ausgedrückt durch dessen Kapitalwert. Der Kapitalwert wurde an dieser Stelle gewählt, weil davon ausgegangen werden kann, dass immaterielle Investitionen, und somit auch Maßnahmen der Transfersicherung, eher langfristige Wirkungen erzielen.

Die unter den verschiedenen Umweltzuständen resultierenden Kapitalwerte werden durch die folgende Tabelle dargestellt.

	geringer Widerstand (S_1)	mittlerer Widerstand (S_2)	hoher Widerstand (S_3)
1	900	500	300
2	800	650	350
3	600	500	400

Tabelle 4.2: Maßnahmen zur Transfersicherung (in GE)

Nutzt man in dieser Entscheidungssituation die Minimax-Regel wird die Alternative gewählt, die unter Berücksichtigung der verschiedenen Umweltzustände den höchsten Minimalwert aufweist. Dem Entscheidungsträger wird also ein gewisser Pessimismus unterstellt.[85] Weil nur der Minimalwert für einen Vergleich der Alternativen maßgeblich ist, lautet die Präferenzfunktion

$$\Phi(A_a) = \underset{s}{\text{Min}}\, x_{as}. \quad (4.2)$$

Die Entscheidungsregel lautet entsprechend

$$\text{Max}_a\, (\text{Min}_s\, x_{as}).[86] \quad (4.3)$$

Folgt der Entscheidungsträger dieser Regel, wird Maßnahme 3 gewählt, da sie im Vergleich zu den anderen Alternativen den höchsten minimalen Kapitalwert aufweist.

Im Falle der Maximax-Regel werden die Entscheidungsalternativen anhand des Ergebnisses bewertet, welches beim Eintritt des für die Alternative günstigsten Umweltzustands resultieren kann. Dem Entscheidungsträger wird demnach Optimismus unterstellt.[87] Da nur der Maximalwert für einen Vergleich der Alternativen maßgebend ist, lautet die Präferenzfunktion

$$\Phi(A_a) = \underset{s}{\text{Max}}\, x_{as}. \quad (4.4)$$

---

[85] Vgl. Laux, Gillenkirch, Schenk-Mathes 2012, S. 83.
[86] Laux, Gillenkirch, Schenk-Mathes 2012, S. 83.
[87] Vgl. Laux, Gillenkirch, Schenk-Mathes 2012, S. 83.

Die Entscheidungsregel lautet entsprechend

$$\text{Max}_a \ (\text{Max}_s \ x_{as}).\text{[88]} \ (4.5)$$

Der Entscheidungsträger würde im Rahmen dieser Regel die Maßnahme 1 wählen, da diese den maximal erzielbaren Kapitalwert ermöglicht.

Die aufgeführten Anwendungsbeispiele verdeutlichen bereits, dass sich die Umsetzung der beiden Entscheidungsregeln relativ simpel gestaltet. Der Einfachheit der Regeln steht jedoch ein wesentlicher Nachteil gegenüber. Durch die Unterstellung von Pessimismus bzw. Optimismus und die damit verbundene isolierte Betrachtung der schlechten bzw. besten Ergebnisse sind Fehlentscheidungen möglich. Bei Anwendung der Minimax-Regel wird, wie oben gezeigt, die Maßnahme 3 gewählt, obwohl diese Alternative die beiden anderen nur bei hohem Widerstand und auch nur um 50 GE bzw. 100 GE dominiert. Bei mittlerem Widerstand jedoch wird Maßnahme 3 durch Maßnahme 2 um 150 GE dominiert. Bei niedrigem Widerstand wird diese sogar durch die Maßnahmen 1 und 2 um 200 GE bzw. 300 GE dominiert. Bei Anwendung der Regel unter der Annahme unbekannter Wahrscheinlichkeiten ist es also als kontrovers anzusehen, ob die Auswahl von Maßnahme 3 als optimal bezeichnet werden kann.

Einen Kompromiss der beiden genannten Entscheidungsregeln stellt die Hurwicz-Regel dar. Die Regel relativiert die Annahme eines stark pessimistischen bzw. optimistischen Entscheidungsträgers. Je Alternative werden minimal und maximal mögliches Ergebnis herangezogen, um hieraus einen gewogenen Durchschnitt zu bilden. Weiterhin legt der Entscheider eine subjektive Gewichtung ($0 \leq \alpha \leq 1$) der beiden Werte fest. So kann nach eigenem Ermessen entschieden werden, ob die Alternativen eher unter pessimistischen oder optimistischen Erwartungen bewertet werden sollen. Auch ist eine gleiche Gewichtung von Minimal- und Maximalwert möglich.[89] Da für die Entscheidungsfindung sowohl das schlechteste als auch das beste Ergebnis maßgeblich ist, ist die Präferenzfunktion wie folgt ausdrücken.

$$\Phi(A_a) = \alpha \cdot x_a^{max} + (1 - \alpha) \cdot x_a^{min} \ (4.6)$$

Die Formel verdeutlicht, dass mit steigendem Optimismus des Entscheidungsträgers der Faktor α und mit ihm das Gewicht des Maximalwertes der Alternative steigt. Aber auch die Hurwicz-Regel berücksichtigt nur zwei Werte, was bei mehreren möglichen

---

[88] Laux, Gillenkirch, Schenk-Mathes 2012, S. 83.
[89] Vgl. Laux, Gillenkirch, Schenk-Mathes 2012, S. 84-85.

Umweltzuständen ebenfalls zu den bereits erwähnten Fehlentscheidungen führen kann.

Wie bereits erwähnt, dienen die genannten Regeln der Entscheidungsfindung bei Ungewissheit. Weil reale Entscheidungsprobleme aber grundsätzlich von einer Risikosituation ausgehen, sind die Verfahren rund um das theoretische Konstrukt der Ungewissheit für die Praxis eher ungeeignet. Ein erster Lösungsansatz, der diesem Sachverhalt Rechnung trägt, ist die Laplace-Regel. Im Gegensatz zu den anderen Regeln werden bei diesem Verfahren alle möglichen Ergebnisse einer Alternative berücksichtigt. Dies wird ermöglicht, indem vereinfachend davon ausgegangen wird, dass die Eintrittswahrscheinlichkeit aller Umweltzustände und ihrer jeweiligen Ergebnisse gleich ist, nämlich $1/N_s$. Im Grunde wird die Entscheidung unter Unsicherheit somit in eine Entscheidung unter Risiko transformiert, weshalb die Laplace-Regel streng genommen auch nicht zu den Entscheidungsregeln bei Ungewissheit zählt. Vielmehr kann sie als eine Regel für die Festlegung von Wahrscheinlichkeiten gesehen werden.[90]

Bei Anwendung der Hurwicz-Regel ergibt sich für die Maßnahme 1 ein Kapitalwert von 566,67 GE, für Maßnahme 2 einen Wert von 600 GE und für Maßnahme drei einen Wert von 500 GE. Maßnahme 2 wäre also, laut der Entscheidungsregel, den anderen Maßnahmen zu bevorzugen.

Auch für die Entscheidungsfindung unter Risiko haben sich verschiedene Entscheidungsverfahren etabliert. Zunächst soll an dieser Stelle die μ-Regel, auch Bayes Regel genannt, erläutert werden. Die wichtigsten Annahmen des Verfahrens sind, dass der Entscheidungsträger risikoneutral ist und Annahmen über die Eintrittswahrscheinlichkeiten der Umweltzustände treffen kann. Weiterhin gelten die Angaben über den Kapitalwert der Umweltzustände für die verschiedenen Alternativen als sicher. Wie der Name bereits verrät, nutzt das Verfahren den Erwartungswert der einzelnen Alternativen als Vergleichskriterium für deren Vorteilhaftigkeit.[91]

Um die μ-Regel zu erläutern soll ebenfalls von dem oben geschilderten Szenario ausgegangen werden. Mit dem Unterschied, dass der Entscheidungsträger nun in der Lage ist, die Wahrscheinlichkeiten für den Eintritt der drei möglichen Umweltzustände zu prognostizieren.

---

[90] Vgl. Laux, Gillenkirch, Schenk-Mathes 2012, S. 87.
[91] Vgl. Ermschel, Möbius, Wengert 2013, S. 88.

Diese Ergänzung wird in der folgenden Tabelle aufgeführt.

	w(S$_1$) = 0,25	w(S$_2$) = 0,5	w(S$_3$) = 0.25
1	900	500	300
2	800	650	350
3	600	500	400

Tabelle 4.3: Maßnahmen mit Eintrittswahrscheinlichkeiten (in GE)

Für den Präferenzwert, also den für den Vergleich der Alternativen maßgeblichen Erwartungswert, einer Alternative gilt hierbei, basierend auf der in Kapitel 3 eingeführten Notation, die folgende festgelegte Präferenzfunktion.[92]

$$\Phi(A_a) = \mu_a = \sum_{s=1}^{N_S} w(S_s) \cdot x_{as} \quad (4.7)$$

Wobei $w(S_s)$ die Eintrittswahrscheinlichkeit der einzelnen Umweltzustände definiert. Nach der μ-Regel ist aus den Alternativen diejenige auszuwählen, die den Erwartungswert μ_a maximiert. Es gilt also die Entscheidungsregel

$$\underset{a}{\text{Max}} \ (\mu_a).^{[93]} \quad (4.8)$$

Nutzt man nun den Kapitalwert als Entscheidungskriterium, ist in der oben genannten Formel zur Ermittlung des erwarteten Kapitalwertes die Variable x_{as} durch eine entsprechende Variable für die möglichen Kapitalwerte einer Alternative zu ersetzen. Setzt man die gegebenen Kapitalwerte der Maßnahmen in die oben angeführte Gleichung ein, so ergibt sich hierdurch für die erste Alternative der folgende Erwartungswert (in GE).

$$\mu_1 = 0{,}25 \cdot 900 + 0{,}5 \cdot 500 + 0{,}25 \cdot 300 = 550$$

Durch die Anwendung der Formel auf die anderen beiden Alternativen erhält man für die Maßnahme 2 einen Erwartungswert von 612,5 GE und für Maßnahme 3 einen Wert von 500 GE. Unter Berücksichtigung der μ-Regel würde sich der Entscheidungsträger als für die Maßnahme 2 entscheiden, da sie sowohl absolut ($\mu_2 > 0$) als auch relativ ($\mu_2 > \mu_1 > \mu_3$) als optimal anzusehen ist.

Ein weiteres Verfahren zur Entscheidungsfindung unter Risiko ist das μ-σ-Prinzip. Es berücksichtigt explizit die Risikoeinstellung des Investors, indem die Chance einer

---

[92] Vgl. Laux, Gillenkirch, Schenk-Mathes 2012, S. 101.
[93] Vgl. Laux, Gillenkirch, Schenk-Mathes 2012, S. 101.

Abweichung vom Erwartungswert als Risikomaß mit in die Formel einbezogen wird.[94] Die Standartabweichung (σ) ergibt sich hierbei durch die folgende Formel.[95]

$$\sigma = \sqrt{\sum_{s=1}^{N_s} w(S_s) \cdot (x_s - \mu)^2} \quad (4.9)$$

Da für den Vergleich der Alternativen sowohl der Erwartungswert, als auch die Standardabweichung maßgeblich sind, lautet die Präferenzfunktion

$$\Phi(\tilde{x}) = \Phi(\mu, \sigma). \quad \text{[96]} \quad (4.10)$$

Durch die Form der Präferenzfunktion wird klar, dass es sich beim μ-σ-Prinzip zunächst um keine Entscheidungsregel handelt. Denn die Funktion ist nicht spezifiziert. Erst bei Ausgestaltung der Präferenzfunktion durch das Risikoverhalten des Entscheidungsträgers lassen sich, je nach Art des Verhaltens, entsprechende μ-σ-Regeln ableiten. Ist der Entscheidungsträger risikoaffin, wird er aus zwei Alternativen mit dem gleichen Erwartungswert diejenige wählen, die die größere Standardabweichung bezüglich des Bewertungskriteriums aufweist. Ist er risikoavers, wird er sich in diesem Fall für die geringere Standardabweichung entscheiden. Eine weitere Möglichkeit ist, dass der Entscheidungsträger risikoneutral ist. Ist das so, wird die μ-Regel zur Entscheidungsfindung genutzt wird. Diese kann also als Spezialfall des μ-σ-Prinzips verstanden werden.[97]

Wendet man das μ-σ-Prinzip auf das vorliegende Beispiel an, so gilt es zunächst die Erwartungswerte und die Standardabweichung zu bestimmen. Da die Erwartungswerte bereits im Rahmen der μ-Regel bestimmt wurden, müssen nur noch die Standardabweichungen der Alternativen berechnet werden. Für das vorliegende Beispiel, in dem x_{as} durch den Kapitalwert ausgedrückt wird, ergibt sich für die Maßnahme 1 die folgende Standardabweichung (in GE).

$$\sigma_1 = \sqrt{0,25 \cdot (900 - 550)^2 + 0,5 \cdot (500 - 550)^2 + 0,25 \cdot (300 - 550)^2} = 217,94$$

Für Maßnahme 2 bzw. 3 ergeben sich durch gleiche Anwendung der Formel eine Standardabweichung von 163,46 GE bzw. 70,71 GE. Insgesamt ergeben sich also die folgenden Werte. Wobei die dritte Spalte ($\mu - \sigma$) von einem risikoaversen und die vierte

---

[94] Vgl. Ermschel, Möbius, Wengert 2013, S. 90.
[95] Vgl. Laux, Gillenkirch, Schenk-Mathes 2012, S. 103.
[96] Vgl. Laux, Gillenkirch, Schenk-Mathes 2012, S. 104.
[97] Vgl. Ermschel, Möbius, Wengert 2013, S. 91.

Spalte ($\mu + \sigma$) von einem risikoaffinen Entscheidungsträger ausgeht.

	μ	σ	$\mu - \sigma$	$\mu + \sigma$
1	550	217,94	332,06	767,94
2	612,5	163,46	476,04	775,96
3	500	70,71	429,29	570,71

Tabelle 4.4: Erwartungswerte und Standardabweichungen der Maßnahmen (in GE)

Quelle: In Anlehnung an Ermschel, Möbius, Wengert 2013

Im vorliegenden Fall würde die Berücksichtigung der Risikoeinstellung des Entscheidungsträgers die bisherige Auswahlentscheidung nicht verändern, da sich sowohl der risikoaverse als auch der risikoaffine Entscheidungsträger für die Maßnahme 2 entscheiden würde. Dennoch sollte durch dieses Beispiel die Anwendung des μ-σ-Prinzips klar geworden sein.

Das μ-σ-Prinzip weist jedoch eine Schwäche auf. Es ist möglich, dass Entscheidungen, die nach diesem Prinzip gefällt werden, dem Dominanzprinzip widersprechen, welches aussagt, dass eine Alternative einer anderen vorzuziehen ist, wenn sie in allen möglichen Umweltzuständen eine höhere Ausprägung der Zielgröße aufweist. Wird nach dem μ-σ-Prinzip verfahren, ist also eine vorgelagerte Anwendung des Dominanzprinzips notwendig, um Alternativen aus dem Entscheidungsraum zu eliminieren, die von anderen vollständig dominiert werden.[98]

4.2.3 Eignung der Modelle für das vorliegende Entscheidungsproblem

In den vorangehenden Abschnitten wurden quantitative Entscheidungsmodelle erläutert, die zur Entscheidungsfindung unter Unsicherheit in Betracht gezogen werden können. Es ist nun zu untersuchen, ob eines oder mehrere dieser Modelle für das Entscheidungsproblem der optimalen Auswahl einer Maßnahme zur Transfersicherung geeignet sind.

Die aufgeführten Modelle nutzen quantitative Inputgrößen, um auf dessen Grundlage Entscheidungen für die vorteilhafteste Maßnahme treffen zu können. Die prognostizierte Erfolgswirkung wird hierbei in einer Zielgröße ausgedrückt, die für den Vergleich der Maßnahmen als maßgeblich gilt. In den vorangehenden Beispielen war dies beispielsweise der Kapitalwert bzw. die Kapitalwertsteigerung der verschiedenen Maßnahmen. Um nach einer Entscheidung dessen Güte bewerten zu können, ist anzunehmen, dass die vorhergesagten zielgrößenbezogenen Effekte mit den tatsächlich eingetretenen Effekten der

---

[98] Vgl. Ermschel, Möbius, Wengert 2013, S. 90.

Maßnahme verglichen werden müssen. Ein derartiger Vergleich setzt voraus, dass die Wirkungen einer Maßnahme messbar sind. Denn nur so können letztendlich Aussagen über die Güte der Entscheidung bzw. der Maßnahme getroffen werden. In diesem Zusammenhang kann ebenfalls davon ausgegangen werden, dass Prognosen über potenzielle Ausprägungen der Zielgröße auf vergangenen Erfahrungen bzw. Messungen von ähnlichen oder gleichen Maßnahmen basieren. An dieser Stelle treten im Falle des Transfers jedoch zwei entscheidende Schwierigkeiten auf, die im Folgenden erläutert werden soll.

Die erste Schwierigkeit kann in der korrekten Quantifizierung von erwarteten Effekten bestehen. Zwar können monetäre Größen wie beispielsweise Umsatz oder Durchsatz mit einhergehenden Gewinnsteigerungen (oder wie im obigen Beispiel der Kapitalwert) als Messgrößen herangezogen werden. Es kann jedoch angenommen werden, dass eine Prognose der Zielgrößenausprägungen mit Schwierigkeiten verbunden ist. Zumindest lässt eine Betrachtung der Einflussfaktoren auf das Personalverhalten (siehe Abschnitt 3.3) diesen Schluss zu. Die Zusammenhänge sind sehr komplex und vor allem Effekte auf die Motivation können als schwer vorhersehbar und quantifizierbar angesehen werden. Weiterhin kann angenommen werden, dass eine Einschätzung immer schwieriger wird, je weiter die Inhalte einer Personalentwicklungsmaßnahme sich in Richtung Soft Skills, wie zum Beispiel soziale Kompetenzen, bewegen, da deren erfolgswirksame Effekte als eher subtil beschrieben werden können. Außerdem ist anzumerken, dass Effekte von Personalentwicklungsmaßnahmen auf immaterielle Größen, wie beispielsweise die Mitarbeiterzufriedenheit, in diesem Rahmen nicht berücksichtigt werden können.

Doch selbst wenn eine verhältnismäßig genaue Quantifizierung gelingen sollte, liegt eine weitere Problematik im Bereich der oben angesprochenen Bewertung der Güte der Entscheidung vor, die im Folgenden näher erläutert werden soll. Wie in Abschnitt 2.2.4 bereits herausgestellt, treten die ökonomisch wirksamen Effekte von Personalentwicklungsmaßnahmen erst dann ein, wenn gelernte Inhalte in die Praxis transferiert wurden. Die Maßnahme ist also nach ihrer Durchführung noch kein fertiges „Produkt". Hierfür bedarf es der Übertragung in das Anwendungsgebiet. Diese kann jedoch sukzessiv und/oder über einen langen Zeitraum hinweg erfolgen. Auch ist es denkbar, dass Inhalte bis zu einem gewissen Zeitpunkt gar nicht angewendet werden oder, dass Personalentwicklungsmaßnahmen prophylaktisch durchgeführt werden. In diesem Kontext spielt vor allem die Aufrechterhaltung des Wissens eine große Rolle (siehe Abschnitt 2.2.3). In der Zeit zwischen der Maßnahme, also dem Erwerb von neuem Wissen, und der Anwendung des Gelernten können diverse Faktoren Einfluss auf die Zielgröße haben, welche zum Zweck des Vergleichs von Maßnahmen der Transfersicherung als maßgeblich determiniert wurde.[99]

Beispiele für derartige Einflussfaktoren sind in Anlehnung an das in Abschnitt 2.2.2 erläuterte Transfermodell im Bereich der Merkmale der Teilnehmer und/oder der Arbeitsumgebung zu suchen. Dabei wären im Hinblick auf die Persönlichkeitsmerkmale zum Beispiel ein durch andere Quellen begründeter Wissenszuwachs (Erweiterung der Fähigkeiten) denkbar. Auch könnte eine Motivationssteigerung durch private, nicht der Maßnahme zuzuschreibende Veränderungen zustande gekommen sein. Weiterhin sind Änderungen in der Arbeitsumgebung potenzielle Einflussfaktoren. Hierbei sind zum Beispiel Veränderungen von Organisations- oder Personalstrukturen, die Mitarbeitende unmittelbar betreffen können, zu erwähnen. Konkret bedeutet das, dass in den Bereichen, in denen Maßnahmen der Transfersicherung angesiedelt sind, auch nicht-beabsichtigte Einflüsse auftreten können, die in keinem Zusammenhang mit der Maßnahme stehen. Diese Effekte der Maßnahme zuzuordnen würde deren Ausprägung im Hinblick auf die festgelegte Zielgröße verzerren und zu falschen Schlüssen über die Auswirkungen bzw. die Erfolgswirkungen derartiger Maßnahmen führen. Diese Messproblematik verhindert außerdem eine Bewertung von Alternativen bzw. Maßnahmen anhand von Erfahrungswerten aus der Vergangenheit.

Zusammenfassend kann man also sagen, dass rein quantitativ orientierte Entscheidungsmodelle aufgrund der komplexen Prognose von Zielgrößen und der entscheidenden Messproblematik für die Auswahl einer Maßnahme zur Transfersicherung nur als bedingt geeignet bezeichnet werden können.

4.3 Der analytische Hierarchieprozess (AHP)

Nachdem im letzten Abschnitt rein quantitative Modelle für das vorliegende Entscheidungsproblem als eher ungeeignet identifiziert wurden, soll nun ein alternativer Lösungsansatz in Form des analytischen Hierarchieprozesses (AHP) beleuchtet werden.

4.3.1 Grundlagen

Der AHP ist ein Verfahren, welches von Thomas L. Saaty in den siebziger Jahren entwickelt wurde. Es berücksichtigt sowohl rationale als auch intuitive Aspekte, um aus mehreren Alternativen diejenige auszuwählen, die im Hinblick auf mehrere definierte Kriterien als am vorteilhaftesten angesehen wird. Der AHP orientiert sich hierbei an dem typischen

---

[99] Vgl. Harley 1998, S. 149.

Denkmuster des Menschen, welches Systeme zunächst hierarchisch zerlegt, um deren Komplexität und Verschiedenartigkeit bewältigen zu können. Angeordnet in einer Hierarchie können die Elemente einer Ebene nach ihrer Wichtigkeit bezüglich übergeordneter Elemente der nächsthöheren Hierarchieebene bewertet werden. Die einfachste Form ein Entscheidungsproblem in einer Hierarchie darzustellen geht hierbei von drei Ebenen aus. Einem Ziel, welches sich an der Spitze der Hierarchie befindet, den Kriterien (im Folgenden auch Attribute genannt), die auf der zweiten Ebene anzuordnen sind sowie den möglichen Alternativen, die sich auf der dritten Hierarchieebene befinden.[100] Visualisiert wird diese einfachste Form einer Hierarchie durch die folgende Abbildung. Hierbei sei darauf hingewiesen, dass im weiteren Verlauf des Buches aus Gründen der Übersichtlichkeit eine alternative Darstellungsweise genutzt wird.

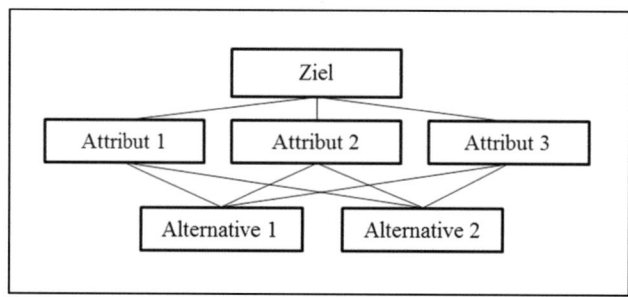

Abbildung 4.2: Einfache Form einer Hierarchie

Quelle: Saaty, Vargas 2012

Für die genannte Bewertung der Alternativen im Hinblick auf übergeordnete Kriterien oder jene von Kriterien im Hinblick auf ein übergeordnetes Ziel werden im Rahmen des AHP paarweise Vergleiche durchgeführt. Hierdurch werden Elemente in der Hierarchie in Relation zueinander gesetzt. Um einen solchen Vergleich zu ermöglichen, werden Messwerte aus verschiedenen Skalen in eine gemeinsame Skala überführt, normalisiert und hierdurch zu Messwerten in einer relativen Verhältnisskala transformiert. Hierdurch sollen die Beschränkungen kardinaler Skalen umgangen werden. Zu diesen gehört, dass derartige Skalen nicht überall anwendbar sind. Dies betrifft vor allem immaterielle Eigenschaften, beispielsweise aus den Bereichen Reputation, Motivation oder Zufriedenheit. Des Weiteren berücksichtigen solche Skalen nicht den Kontext in dem gemessen wird. Dieser ist meistens insofern relevant, als dass verschiedene Situation zu individuellen Interpretation der Messwerte führen.[101]

---

[100] Saaty, Vargas 2012, S. 1.
[101] Vgl. Saaty 1990, S. 11-12.

Beschäftigt man sich mit dem AHP muss man sich mit den vier Axiomen beschäftigen, die diesem Verfahren zugrunde liegen. Diese beschreiben zum einen welche Forderungen bei den Paarvergleichen erfüllt sein müssen (Axiom 1 und 2). Zum anderen gehen sie auf die korrekte Abbildung der Hierarchie ein (Axiome 3 und 4). Auf eine ausführliche mathematische Herleitung der Axiome sei an dieser Stelle mit Verweis auf andere Arbeiten verzichtet.[102] Vielmehr sollen deren Grundaussagen im Folgenden verbal erläutert werden, um den theoretischen Rahmen für den AHP zu schaffen.

Axiom 1 - Reziprozität: Bei Betrachtung zweier Alternativen (oder Kriterien) i und j aus einer endlichen Menge von A Alternativen ist es dem Entscheidungsträger möglich, diese auf einer Verhältnisskala anhand eines Kriteriums c aus der Menge aller Kriterien C zu vergleichen, wobei gelten muss

$$a_{ij} = \frac{1}{a_{ji}} \quad \text{für alle } i, j \in A$$

Aus dem Axiom ergibt sich, dass Matrizen für einen paarweisen Vergleich stets reziprok sein müssen. Hieraus folgt, dass eine Matrix mit n Alternativen durch weniger als die Hälfte von n Paarvergleichen bewertet werden kann. Da jede Alternative verglichen mit sich selbst 1 ergibt, folgt für n Alternativen eine Gesamtzahl von $\frac{n \cdot (n-1)}{2}$ Bewertungen.[103]

Axiom 2 - Homogenität: Um Alternativen miteinander vergleichen zu können, müssen diese zumindest bezüglich spezifischer Attribute gleichartig und innerhalb bestimmter Intervalle definiert sein. Bei einem Vergleich von zwei beliebigen Alternativen $i, j \in A$ ist eine der beiden Alternativen niemals unendlich besser als die andere zu bewerten. Die Anwendung einer endlichen Skala ist somit eine notwendige Bedingung. Formal bedeutet das, dass $a_{ij} \neq \infty$ für alle $i, j \in A$ ist. Dies scheint logisch, da bei unendlicher Präferenz für eine Alternative kein Entscheidungsproblem vorliegen würde.[104]

Axiom 3 - Hierarchisierung: Es ist möglich das Entscheidungsproblem als Hierarchie zu strukturieren. Im Gegensatz zum analytischen Netzwerkprozess (ANP) verlangt der AHP weiterhin, dass innerhalb der Hierarchie keine inneren Abhängigkeiten herrschen. Bezogen auf die oben beschriebene, einfachste Form der Hierarchie bedeutet das, dass die Attribute immer nur abhängig vom Ziel sein dürfen und, dass die Alternativen ebenfalls nur abhängig

---

[102] Siehe z. B. Saaty 1987, S. 167-169.
[103] Vgl. Sommerhäuser 2000, S. 47.
[104] Vgl. Sommerhäuser 2000, S. 48.

von den Attributen sein dürfen. Andere Abhängigkeitsverhältnisse sind unzulässig. [105]

Axiom 4 – Vollständigkeit: Bevor eine Bewertung der Alternativen stattfindet, ist zu gewährleisten, dass alle Entscheidungsalternativen und alle zugehörigen Kriterien in die Hierarchie aufgenommen wurden. Diese Vollständigkeit ist in der Weise erforderlich, als dass es durch nachgelagertes Hinzufügen von Alternativen oder Attributen zu sogenannten Rangumkehrungen kommen kann, die als Verstoß gegen die Rationalität des AHP angesehen werden.[106]

Neben der oben genannten Reziprozität ist im Hinblick auf die Evaluationsmatrizen ebenfalls ein Mindestmaß an Konsistenz gefordert. Diese muss nicht immer gewährleistet sein, da Paarvergleiche in der Regel rein subjektiv erfolgen. Inkonsistenzen bestehen dann, wenn Elemente durch ihre Bewertung in eine nicht logische Rangfolge bzw. Relation gebracht werden. Damit eine Matrix konsistent ist, muss grundsätzlich $a_{ij} \cdot a_{jk} = a_{ik}$ für $i, j, k = 1, \ldots, n$ gelten.[107] Ein Beispiel für eine inkonsistente Matrix, welche die Relationen zwischen willkürlich gewählten Elementen A, B und C wiedergibt sei im Folgenden gegeben.

$$A = \begin{pmatrix} 1 & 6 & 8 \\ \dfrac{1}{6} & 1 & 4 \\ \dfrac{1}{8} & \dfrac{1}{4} & 1 \end{pmatrix}$$

Wendet man die oben gegebene Formal an, so müsste gelten $a_{12} \cdot a_{23} = a_{13}$ bzw. $6 \cdot 4 = 8$. Dass dies nicht der Fall ist, ist offensichtlich. Folglich ist die Matrix nicht konsistent. Geringe Inkonsistenzen sind erlaubt, solange sie den Entscheidungsprozess nicht wesentlich verzerren. Für die Prüfung des Konsistenzniveaus wurden der sogenannte Konsistenzindex (CI) und die Konsistenzratio (CR) entwickelt. Um den CI einer Matrix zu berechnen wird zunächst der sogenannte maximale Eigenwert λ_{max} benötigt.[108] Wie dieser Wert berechnet wird, soll jedoch im Rahmen des nächsten Abschnitts geklärt werden.

Für die Berechnung des CIs macht man sich zunächst das sogenannte Theorem 2 von Saaty zunutze, welches aussagt, dass eine Matrix A dann und nur dann konsistent ist, wenn der größte Eigenwert der Matrix ihrer Dimension entspricht ($\lambda_{max} = n$). Diese Aussage ist möglich, weil die Spur einer Matrix der Summe ihrer Eigenwerte entspricht. Im Rahmen des AHP entspricht diese Summe der Anzahl der berücksichtigten Elemente n, weshalb n

---

[105] Vgl. Sommerhäuser 2000, S. 48.
[106] Vgl. Sommerhäuser 2000, S. 48-49.
[107] Vgl. Saaty 1990, S.12-13.
[108] Vgl. Saaty 1990, S.12-13.

wiederum den größten Eigenwert der Matrix *A* darstellt. Wie erwähnt, kann das Niveau der Inkonsistenz zunächst durch den CI ausgedrückt werden, der sich wie folgt berechnet.[109]

$$CI = \frac{\lambda_{max} - n}{n - 1} \quad (4.11)$$

Die Differenz aus λ_{max} und n steigt tendenziell mit der Größe einer Matrix. Dies hängt damit zusammen, dass inkonsistente Bewertungen mit der Anzahl der zu bewertenden Elemente steigen können. Aus diesem Grund wird die CR berechnet, die eine Normierung des CIs ermöglicht. Hierbei wird der CI ins Verhältnis zu dem durchschnittlichen Konsistenzindex einer großen Anzahl von zufällig generierten reziproken Matrizen desselben Ranges gesetzt.[110] Formal lässt sich das Konsistenzverhältnis wie folgt darstellen.

$$CR = \frac{CI}{R} \quad (4.12)$$

Wobei R den oben genannten Konsistenzindex darstellt. Zufallskonsistenzen sind beispielhaft in Tabelle 4.5 dargestellt.

Größe der Matrix	1	2	3	4	5	6	7	8	9	10
Zufalls-konsistenz R	0,00	0,00	0,52	0,89	1,11	1,25	1,35	1,40	1,45	1,49

Tabelle 4.5: Beispielhafte Zufallskonsistenzen

Quelle: Saaty, Vargas 2012

Ist das Verhältnis des CI zu diesen zufällig generierten Matrizen signifikant klein, das heißt 0,1 oder kleiner, werden die Bewertungen des Entscheidungsträgers akzeptiert und müssen keiner erneuten Prüfung unterzogen werden.[111] Weiterhin sei angemerkt, dass bei der Verwendung von quantitativen Daten keine Konsistenzprüfung durchgeführt werden muss, da die resultierenden Evaluationsmatrizen immer vollständig konsistent sind.[112]

4.3.2 Vorgehensweise des AHP

Nachdem im vorangehenden Abschnitt die wichtigsten Grundlagen des AHP geklärt wurden, können nun die einzelnen Anwendungsschritte des Verfahrens beleuchtet werden.

Am Anfang des AHP steht in der Regel die Identifizierung des Entscheidungsproblems, da in diesem die Begründung für eine Anwendung des Verfahrens gesehen werden kann. Ist das

---

[109] Vgl. Saaty 1990, S.12.
[110] Vgl. GSTT 2012, S. 14.
[111] Vgl. Saaty 1990, S. 13.
[112] Vgl. Zimmermann, Gutsche 1991, S. 78.

Problem identifiziert, wird es aufgrund der bereits genannten Komplexität und Verschiedenartigkeit in einzelne Teilprobleme zerlegt und in einer Hierarchie strukturiert. Die wohl anspruchsvollste Aufgabe ist die Auswahl der für die Entscheidung als wichtig angesehenen Elemente. Diese in einer Hierarchie zu strukturieren, hat zwei Vorteile. Zum einen wird ein Überblick über die komplexen Zusammenhänge der Entscheidungssituation geschaffen. Zum anderen hilft es dem Entscheidungsträger dabei zu beurteilen, ob die Alternativen bezüglich einer gemeinsamen Größe sinnvoll verglichen werden können.[113] Bei der Erstellung von Hierarchien ist zu berücksichtigen, dass die menschliche Wahrnehmung begrenzt ist. Aus diesem Grund wird empfohlen, die Anzahl der Elemente einer Hierarchieebene sowie die Anzahl der Hierarchieebenen selbst in einem überschaubaren Rahmen zu halten. Die psychologische Experimentalforschung schlägt hierbei eine maximale Anzahl von neun Elementen pro Hierarchieebene bzw. eine Gesamtanzahl von neun Hierarchieebenen vor.[114]

Um das Prinzip des Verfahrens zu verdeutlichen, bietet es sich an, die Verfahrensschritte anhand eines Beispiels zu erläutern. Da es hierbei lediglich darum geht, das Verfahren ergänzend zu illustrieren, wird ein eher einfaches Beispiel gewählt. Hierbei wird, wie bereits erwähnt, aus Gründen der Übersichtlichkeit eine alternative Darstellungsweise gewählt. Es gehe um den Kauf eines Tablets. Das Entscheidungsproblem (Ziel) sei hierbei die Auswahl eines optimalen Gerätes. Die untergeordneten Attribute für die Bewertung des Tablets seien Design, Handhabung und Akkulaufzeit. Das Kriterium Design beinhalte die Eigenschaften Material und Verarbeitung. Der Handhabung lassen sich die Aspekte Transportierbarkeit und Benutzerfreundlichkeit unterordnen. Die Akkulaufzeit sei in Stunden angegeben. Es sei zwischen drei verschiedenen Tablets ein Gerät auszuwählen. Hierbei hat der Entscheidungsträger die Wahl zwischen dem iPad Mini, dem Nexus 7 sowie dem Kindle Fire HD. Die sich ergebende Hierarchie wird in Abbildung 4.3 dargestellt.

Nachdem eine Hierarchie aufgestellt ist, folgt die Bewertung der Elemente in ihrer jeweiligen Hierarchieebene. Diese wird durch den paarweisen Vergleich vorgenommen, der bereits in Abschnitt 4.3.1 erwähnt wurde. Um die Elemente mit ihren verschiedenen qualitativen und quantitativen Ausprägungen vergleichbar zu machen, nutzt das AHP eine gemeinsame 9-Punkte-Skala. Die Effektivität dieser Skala wurde durch ihre zahlreiche Anwendung in der

---

[113] Vgl. Saaty 1990, S.9.
[114] Vgl. Cabala 2010, S 7-8.

Praxis, als auch durch einen theoretischen Vergleich mit anderen Skalen validiert.[115]

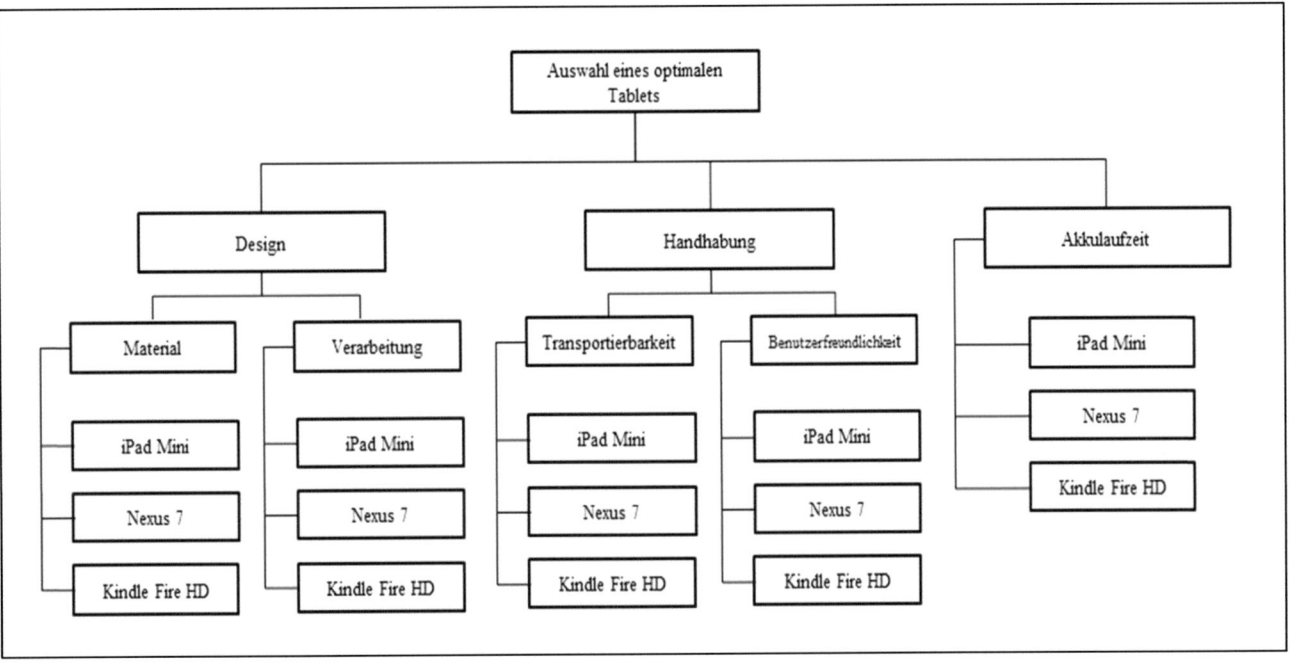

Abbildung 4.3: Hierarchie für die optimale Auswahl eines Tablets

Quelle: Eigene Darstellung

Wie bereits erwähnt, sind die Elemente einer Hierarchieebene abhängig von der übergeordneten Ebene. Werden also beispielsweise die Attribute Design, Handhabung und Akkulaufzeit paarweise verglichen, so geschieht dies unter Berücksichtigung ihrer Wichtigkeit für die Erfüllung des Ziels (Auswahl eines optimalen Tablets). Die 9-Punkte-Skala bietet hierbei nicht nur ganzzahlige Bewertungen. Liegen zwei zu Elemente sehr nah beieinander, können diese auch anhand von Dezimalzahlen (z. B. 1,1; 1,2; …) verglichen werden.[116] Die Skala wird in ihrer Originalform durch die folgende Abbildung visualisiert.

---

[115] Vgl. Saaty 1990, S. 15.
[116] Vgl. Saaty 1990, S. 16.

Intensity of importance	Definition	Explanation
1	Equal importance	Two activities contribute equally to the objective
2	Weak	
3	Moderate importance	Experience and judgment slightly favor one activity over another
4	Moderate plus	
5	Strong importance	Experience and judgment strongly favor one activity over another
6	Strong plus	
7	Very strong or demonstrated importance	An activity is favored very strongly over another; its dominance demonstrated in practice
8	Very, very strong	
9	Extreme importance	The evidence favoring one activity over another is of the highest possible order of affirmation
Reciprocals of above	If activity i has one of the above nonzero numbers assigned to it when compared with activity j, then j has the reciprocal value when compared with i	A reasonable assumption
Rationals	Ratios arising from the scale	If consistency were to be forced by obtaining n numerical values to span the matrix

Abbildung 4.4: 9-Punkte-Skala

Quelle: Saaty, Vargas 2012

Hervorzuheben ist, dass bei der Bewertung der Elemente die Axiome 1 und 2 zu berücksichtigen sind. Die folgenden Tabellen geben die Bewertungen wieder, die im Rahmen des genannten Beispiels aus den paarweisen Vergleichen innerhalb der ersten und zweiten Hierarchieebenen resultieren. Aus Platzgründen ist im Hinblick auf die weiteren Evaluationsmatrizen auf den Anhang zu verweisen.

	Design	Handhabung	Akkulaufzeit
Design	1	$\frac{1}{4}$	$\frac{1}{2}$
Handhabung	4	1	2
Akkulaufzeit	2	$\frac{1}{2}$	1

Tabelle 4.6: Evaluationsmatrix bezüglich der Zielerreichung

Design	Material	Verarbeitung
Material	1	$\frac{1}{2}$
Verarbeitung	2	1

Tabelle 4.7: Evaluationsmatrix bezüglich des Hauptattributs Design

50

Handhabung	Transportierbarkeit	Benutzerfreundlichkeit
Transportierbarkeit	1	$\frac{1}{3}$
Benutzerfreundlichkeit	3	1

Tabelle 4.8: Evaluationsmatrix bezüglich des Hauptattributs Handhabung

Quelle: Eigene Darstellungen

Im Rahmen der Bewertung der Attribute wurden allerdings nur die qualitativen Daten anhand der 9-Punkte-Skala beurteilt. Liegen quantitative Daten (im Beispiel Akkulaufzeit) vor, kann die Bewertung auf verschiedenen Wegen erfolgen.

Zunächst können quantitative Attribute ebenfalls relativ bewertet werden, was bedeutet, dass die Bewertung wie bei qualitativen Attributen durch Paarvergleiche unter der Anwendung der 9-Punkte-Skala erfolgt. Falls verlässliche quantitative Ausprägungen vorliegen, können sich durch die Übertragung der Daten von einer kardinalen Skala auf die ordinale 9-Punkte-Skala allerdings Informationsverluste einstellen. Deshalb bietet sich diese Vorgehensweise nur dann an, wenn Aussagen über die quantitativen Ausprägungen von Attributen nicht präzise getroffen werden können.[117]

Die zweite Methode ist die absolute Bewertung, welche in drei verschiedenen Formen vorgenommen werden kann. Bei der ersten Form der Bewertung werden den Alternativen anhand von vorher definierten, sogenannten Intensitätsintervallen verschiedene Intensitäten zugeordnet. Betrachtet man beispielsweise Kosten, könnten diese in die drei Intervalle [100; 200], [200; 300] und [300; 400] mit ihren entsprechenden Intensitäten „geringe Kosten", „moderate Kosten" und „hohe Kosten" eingeteilt werden. Die Zuordnung der Intensitäten zu den Alternativen erfolgt hierbei ohne einen paarweisen Vergleich. Durch die Reduzierung der kardinalen Intensitätsintervalle auf eine ordinale Intensität stellt sich jedoch auch bei dieser Form der Bewertung ein Verlust von Informationen ein. Sie ist deshalb nur dann anzuwenden, wenn zwar keine exakten, aber vage Aussagen über die Ausprägungen der Attribute gemacht werden können.[118] Im Rahmen dieser Bewertungsform können Alternativen ebenfalls anhand qualitativer Attribute verglichen werden. Hierfür werden den Alternativen ebenfalls Intensitäten in Form von natürlich-sprachlichen Ausprägungen zugeordnet.[119]

Die zweite Form der absoluten Bewertung sieht die Herleitung einer Skala durch die Wahl einer kardinal skalierten Funktion vor. Die Funktion legt hierbei einen rechtseindeutigen

---

[117] Vgl. Zelewski, Peters 2006, S. 1072.
[118] Vgl. Zelewski, Peters 2006, S. 1073.
[119] Vgl. Saaty 1990, S. 17.

Zusammenhang zwischen den quantitativen Ausprägungen eines Attributs sowie den Präferenzwerten des Entscheidungsträgers fest. Die Verwendung von Präferenzfunktionen bietet sich dann an, wenn die exakten Ausprägungen der quantitativen Attribute bekannt sind und aus Sicht des Entscheidungsträgers kein proportionaler Zusammenhang zwischen dessen Ausprägungen und den resultierenden Gewichten vorliegt.[120]

Um verschiedene Alternativen anhand von qualitativen oder quantitativen Attributen miteinander vergleichen zu können, ist sowohl bei der relativen als auch bei der absoluten Bewertung letztendlich eine Normalisierung der Attributsausprägungen bzw. -intensitäten auf den Wert eins erforderlich. Je nach Form der Bewertung ergibt sich eine Gewichtung der Elemente entweder gleichzeitig mit der Normalisierung oder durch zusätzliche Rechenschritte.[121]

Bei der letzten Form der absoluten Bewertung, der direkten Bewertung, werden die Ausprägungen eines Attributs zueinander ins Verhältnis gesetzt und dadurch gleichzeitig normalisiert und gewichtet. Formal ergibt sich hierbei für die Berechnung der Gewichte die folgende Formel.

$$w_i = \frac{a_i}{a_1 + a_2 + \ldots + a_n} \qquad i = 1, \ldots, n$$

Weiterhin ist zu beachten, dass für quantitative Daten, wie zum Beispiel Kosten, hohe Ausprägungen schlechter sind, weshalb in derartigen Fällen mit den reziproken Werten gerechnet werden muss.[122] Zudem ist es für diese Art der Bewertung notwendig, dass exakte Aussagen über die quantitativen Ausprägungen der Attribute gemacht werden können.[123]

Liegen die Evaluationsmatrizen wie in Tabelle 4.6 bis Tabelle 4.8 vor, können diese im Rahmen der relativen Bewertung gewichtet werden, indem der Prioritätsvektor errechnet wird. Dieser definiert die Wichtigkeit eines Elementes gegenüber anderen Elementen im Hinblick auf ein gemeinsames, übergeordnetes Element der Hierarchie. Ein einfaches Verfahren zur Schätzung der Prioritätsvektoren ist die jeweilige Normalisierung aller Elemente einer Spalte der Evaluationsmatrix und die anschließende Bildung des Durchschnitts der einzelnen Reihen der Matrix.[124] Hierfür werden zunächst die Spaltensummen ($c_{i,\ldots,n}$) ermittelt und anschließend jedes Element der Matrix ($a_{ij,\ldots,nn}$) durch diese dividiert. Danach werden für die normalisierte Matrix die Zeilensummen ($r_{i,\ldots n}$)

---

[120] Vgl. Zelewski, Peters 2006, S. 1073.
[121] Vgl. Zelewski, Peters 2006, S. 1073.
[122] Vgl. Meixner, Haas 2002, S. 158-160.
[123] Vgl. Zelewski, Peters 2006, S. 1074.
[124] Vgl. Saaty, Vargas 2012, S. 8.

ermittelt und für die Berechnung des jeweiligen Prioritätsvektors durch die Anzahl der Elemente dividiert. Formal wird dieses Vorgehen durch Tabelle 4.9 dargestellt. Es ist jedoch zu erwähnen, dass die erläuterte Methode nur beim Vorliegen einer annähernd konsistenten Evaluationsmatrix zu validen Ergebnissen führt.[125]

| | *Evaluationsmatrix* | | | | *Normalisierung* | | | | r_i | *Gewicht* |
	a_1	a_2	...	a_n	a_1	a_2	...	a_n		w
a_1	$a_{11}=1$	a_{12}	...	a_{1n}	a_{11}/c_1	a_{12}/c_2	...	a_{1n}/c_n	r_1	$w_1 = r_1/n$
a_2	$a_{21}=1/a_{12}$	1		a_{2n}	a_{21}/c_1	a_{22}/c_2	...	a_{2n}/c_n	r_2	$w_2 = r_2/n$
$\vdots$	$\vdots$	$\vdots$		$\vdots$	$\vdots$	$\vdots$		$\vdots$	$\vdots$	$\vdots$
a_n	$a_{n1}=1/a_{1n}$	a_{2n}	...	$a_{nn}=1$	a_{n1}/c_1	a_{n2}/c_2	...	a_{nn}/c_n	r_n	$w_n = r_n/n$
c_i	$c_1 = \sum_{i=1}^{n} a_{i1}$	$c_2 = \sum_{i=1}^{n} a_{i2}$	...	c_n	1	1	...	1	n	1

Tabelle 4.9: Approximative Gewichtsberechnung der Elemente

Quelle: Meixner, Haas 2002

Eine exakte Ermittlung der Prioritätsvektoren kann mithilfe einer Iteration durchgeführt werden. Hierzu wird die Evaluationsmatrix in jedem Schritt quadriert, bevor die Zeilensummen ermittelt und normalisiert werden. Dieser Schritt wird solange wiederholt, bis die Differenz zwischen A^k und A^{k+1} eine vorher festgelegte Grenze, wie zum Beispiel einen Wert von 0,0001 nicht mehr überschreitet. Unter Berücksichtigung von Tabelle 4.9 bedeutet dies, dass aus der Evaluationsmatrix in jedem Schritt lediglich die Zeilensummen ($r_{i,...,n}$) ermittelt und durch die Division mit der eigenen Spaltensumme ($\sum_{i=1}^{n} r_i$) normalisiert werden.[126]

Wurden die Prioritätsvektoren bestimmt, sollte eine Konsistenzüberprüfung stattfinden, um zu ermitteln, ob der festgelegte Wert für die Konsistenzratio (CR) überschritten wird. Werden im Zuge des AHP quantitative Daten verwendet kann jedoch auf diese Prüfung verzichtet werden, da die resultierenden Evaluationsmatrizen immer konsistent sind.[127] Bei qualitativen Daten gilt es, wie oben bereits angedeutet, zunächst den maximalen Eigenwert λ_{max} zu ermitteln, um den Konsistenzindex und die Konsistenzratio zu bestimmen. Hierfür muss zunächst die Durchschnittsmatrix bestimmt werden, welche sich formal durch die folgende Tabelle darstellen lässt.

---

[125] Vgl. Meixner, Haas 2002, S.144-145.
[126] Saaty, Vargas 2012, S. 8.
[127] Meixner, Haas 2002, S. 158-160.

	a_1	a_2	$\cdots$	a_n	$\bar{r}_i$
a_1	$w_1 \cdot a_{11}$	$w_2 \cdot a_{12}$	$\cdots$	$w_n \cdot a_{1n}$	$\bar{r}_i = \sum_{i=1}^{n} w_i \cdot a_{1i}$
a_2	$w_1 \cdot a_{21}$	$w_2 \cdot a_{22}$	$\cdots$	$w_n \cdot a_{2n}$	$\bar{r}_2$
$\vdots$	$\vdots$	$\vdots$		$\vdots$	$\vdots$
a_n	$w_1 \cdot a_{n1}$	$w_2 \cdot a_{n2}$	$\cdots$	$w_n \cdot a_{nn}$	$\bar{r}_n$

Tabelle 4.10: Ermittlung der Durchschnittsmatrix

Aus der Durchschnittsmatrix kann mithilfe der Zeilensummen ($\bar{r}_i$) der maximale Eigenwert bestimmt werden. Für diesen gilt

$$\lambda_{max} = \frac{\sum_{i=1}^{n} \lambda_i}{n} \,[128] \;(4.13), \qquad \text{wobei} \qquad \lambda_i = \frac{\bar{r}_i}{w_i \cdot a_{ii}} \,[129] \;(4.12).$$

Der maximale Eigenwert kann sodann in die Formel für CI eingesetzt werden, wodurch anschließend CR bestimmt werden kann (siehe Abschnitt 4.3.1). Nur bei akzeptabler Konsistenz kann der letzte Schritt des AHP durchgeführt werden. In diesem werden die Prioritätsvektoren der Alternativen jeweils mit Prioritätsvektoren der untergeordneten und übergeordneten Attribute multipliziert, um so dessen Beitrag zur Zielerreichung und damit dessen Güte zu bewerten. Die Gewichtungen der einzelnen Elemente der Hierarchie werden für das vorliegende Beispiel in der folgenden Abbildung illustriert. Die zugrunde liegenden Berechnungen sowie die Werte für λ_{max}, CI und CR sind dem Anhang zu entnehmen. Wobei für die Bewertung der qualitativen Attribute aufgrund der Konsistenz der Evaluationsmatrizen das oben genannte Schätzverfahren und für die Akkulaufzeit die dritte Form der absoluten Bewertung, also die direkte Bewertung, angewendet wurde.

---

[128] Meixner, Haas 2002, S. 169.
[129] Meixner, Haas 2002, S. 171.

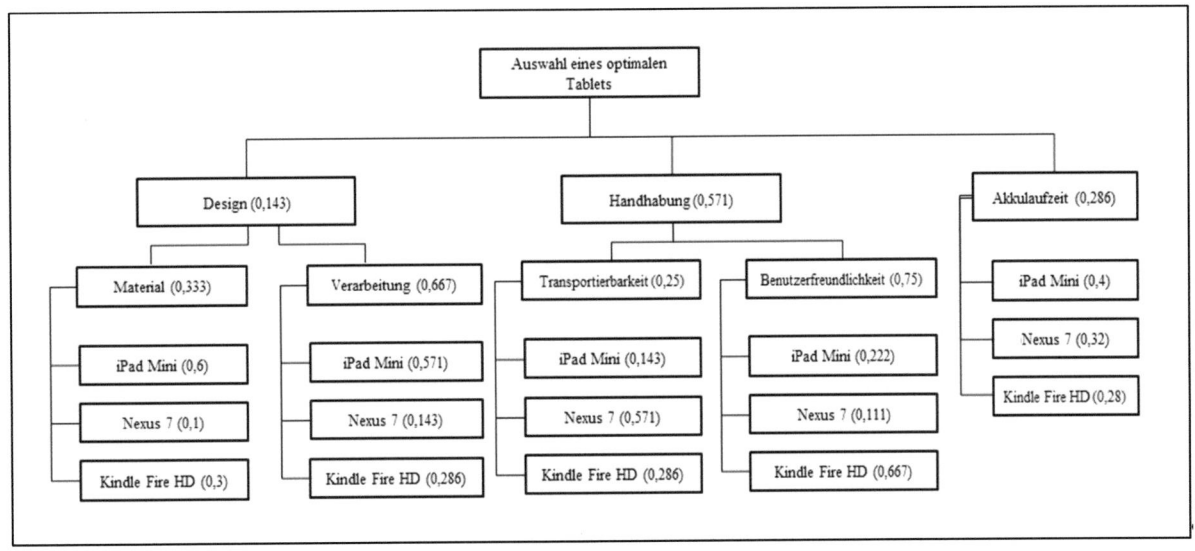

Abbildung 4.5: Gewichtete Hierarchie für die optimale Auswahl eines Tablets

Quelle: Eigene Darstellung

Unter Berücksichtigung dieser Ergebnisse führt der AHP im Falle des vorliegenden Entscheidungsproblems zu einem Prioritätsvektor bzw. einem Gesamtgewicht von 0,313 für das iPad Mini, von 0,239 für das Nexus 7 und von 0,448 für den Kindle Fire HD. Der Entscheidungsträger würde sich in diesem Fall also für den Kindle Fire HD entscheiden.

4.3.3 Begründung der Auswahl des AHP für das vorliegende Entscheidungsproblem

Für lange Zeit wurde nach Messmethoden gesucht die im Rahmen von Entscheidungsproblemen nicht nur eine Erfassung von Größen physischer Natur erlauben, sondern auch in der Lage sind, jene psychischer Natur zu erfassen. Während erstere materielle Größen innerhalb des objektiven Umfeldes von Individuen umschreiben, sind mit letzteren immaterielle Größen gemeint, welche in den subjektiven Vorstellungen, Werten und Normen eines Individuums oder der Gesellschaft zu finden sind. Das AHP ist eine Methode, welches Messungen in beiden dieser Bereiche zulässt.[130] Aus den bisherigen Ausführungen zur Personalentwicklung und dem zugehörigen Transfer ist hervorgegangen, dass in dessen Rahmen zahlreiche immaterielle Größen zu berücksichtigen sind; nicht zuletzt, weil bei der Personalentwicklung der Mensch im Mittelpunkt steht. In diesem Kontext sei zum Beispiel die Funktionalitätsproblematik erwähnt, die die zielgerichtete Beeinflussung des Verhaltens

---

[130] Vgl. Saaty, Vargas 2012, S. 3.

des Personals zum Gegenstand hat. Zudem, so wurde unter anderem durch das Transfermodell gezeigt, ist auch der Transfer und damit der Erfolg einer Personalentwicklungsmaßnahme abhängig vom Individuum und dessen psychologischen Determinanten. Im Rahmen des AHPs können derartige Aspekte, die wesentlich für Entscheidungsprozesse in Bezug auf den Transfer sind, aufgegriffen werden.

Weiterhin wurde in Abschnitt 4.2.3 verdeutlicht, warum rein quantitativ bzw. monetär orientierte Modelle für das vorliegende Entscheidungsproblem nur bedingt geeignet sind. Einer der wesentlichen Vorteile des AHP gegenüber derartigen Modellen ist, dass es die Möglichkeit bietet, auch qualitative Daten zu berücksichtigen. Dies wurde auch durch das aufgeführte Beispiel gezeigt, in dem neben dem quantitativen Attribut Akkulaufzeit die beiden qualitativen Attribute Design und Handhabung in die Entscheidungsfindung mit einbezogen werden konnten. Im Hinblick auf den Transfer können somit qualitative Daten bezüglich der Fähigkeiten, der Motivation oder anderer Elemente des in Abschnitt 2.2.2 dargestellten Transfermodells berücksichtigt werden. Mithilfe des AHP kann der Fokus von der für den Transfer nicht hinlänglichen, rein quantitativen bzw. monetären Betrachtungsweise teilweise oder vollständig auf eine qualitativ orientierte Betrachtung gelegt werden. Die schwierige Prognostizierbarkeit von monetären Ausprägungen sowie die Messproblematik im Bereich des Transfers kann somit durch die Anwendung des AHPs umgangen werden.

4.4 Der AHP für die Auswahl von Maßnahmen zur Transfersicherung

Nachdem im vorherigen Abschnitt die einzelnen Schritte des AHPs erläutert wurden, soll im Folgenden ein Ansatz für die Nutzung des Verfahrens im Rahmen der Transfersicherung entwickelt werden.

4.4.1 Entscheidungsraum

Unter Berücksichtigung von Abschnitt 4.3.2 gilt es im Rahmen des AHPs zunächst das Entscheidungsproblem zu identifizieren. In den vorangehenden Ausführungen wurde bereits mehrfach darauf hingewiesen, welche Problemstellung diesem Buch zugrunde liegt. Das Entscheidungsproblem, welches in der Hierarchie zugleich als Ziel angeordnet werden kann, liegt in der Auswahl einer situativ optimalen Maßnahme zur Transfersicherung. An dieser Stelle sei jedoch darauf hingewiesen, dass die optimale Auswahl einer Maßnahme nicht automatisch eine vollständige Umsetzung erlernter Inhalte in die Praxis gewährleistet, diese aber auch nicht ausschließt. Im Folgenden werden zwar Korrelationen zwischen den Maßnahmen und dem gesteckten Ziel beleuchtet, jedoch keine Aussagen über eindeutige Kausalitäten getroffen. Denn es wurde bereits herausgestellt, dass eine eindeutige Zuordnung von Effekten im Bereich des Transfers auf der einen und zugrunde liegenden Maßnahmen auf der anderen Seite, aufgrund der erläuterten Messproblematik, nicht möglich ist.

Im nächsten Schritt ist eine Hierarchie zu strukturieren. Die oberste Hierarchieebene, also das Ziel, wurde oben bereits definiert. Für die vollständige Erfassung und Strukturierung der Hierarchie sollte der Problemkomplex intensiv beleuchtet werden. Deshalb soll im vorliegenden Fall mit der empirisch fundierten Herleitung der Entscheidungsräume fortgefahren werden. Es werden also die Bereiche beleuchtet, in denen sich eine Durchführung von Maßnahmen zur Transfersicherung anbietet. Hierzu soll das in Abschnitt 2.2.2 erläuterte Prozessmodell nach Baldwin und Ford (1988) erneut aufgegriffen werden. In diesem Modell werden die drei Einflussbereiche Merkmale der Teilnehmer, Trainingsdesign und Arbeitsumgebung identifiziert, die direkte und indirekte Auswirkungen auf den Transfer haben. Dass die jeweiligen Faktoren der genannten Bereiche tatsächlich Einfluss auf den Transfer haben, haben Baldwin und Ford (1988) mithilfe von 70 empirischen Studien validiert. Zum einen wurden hierzu Studien aus bekannten Arbeiten des Fachgebiets entnommen. Zum anderen wurden Studien durch eine ausgiebige Literaturrecherche und entsprechende Querverweise in der Fachliteratur identifiziert.[131]

Eine weitere, aktuellere empirische Fundierung bieten Blume und Huang zusammen mit Baldwin und Ford (2009). Durch eine extensive Literaturrecherche konnten die Autoren in ihrer Meta-Analyse insgesamt 93 Studien identifizieren und untersuchen, um hierdurch verlässliche Erkenntnisse bezüglich des Einflusses der drei genannten Bereiche auf den Transfer zu gewinnen. Nachdem die Koeffizienten von vier Primärstudien aufgrund ungeeigneter Eigenschaften als Ausreißer von der Analyse ausgeschlossen wurden, resultieren die 89 verbleibenden, unabhängigen Stichproben in einer Gesamtstichprobengröße von $n = 12.496$. Die 89 Studien gliedern sich hierbei in 61 Feldstudien und 28 experimentelle Studien.[132]

Die Meta-Analyse untermauert den Zusammenhang zwischen den abhängigen Variablen, also den Einflussfaktoren aus den Bereichen Merkmale der Teilnehmer, Trainingsdesign sowie Arbeitsumgebung auf der einen und dem Transfer als unabhängige Variable auf der anderen

---

[131] Vgl. Baldwin und Ford 1988, S. 66.
[132] Vgl. Blume et al. 2009, S. 1077.

Seite. Um diese Einflussbereiche zu validieren werden im Folgenden nun die Einflussfaktoren aufgeführt werden, die einen positiven, vergleichsweise starken Zusammenhang zum Transfer aufweisen. Schwache Korrelationen werden hierbei keine Berücksichtigung finden. Der Zusammenhang wird hierbei durch die durchschnittliche Korrelation der Populationen (ρ) quantifiziert. Für weitere methodische Hintergründe der Meta-Analyse sei auf die Arbeit selbst verwiesen.

Zunächst sind bezüglich der Merkmale der Teilnehmer neben den kognitiven Fähigkeiten (0,37), die freiwillige Teilnahme (0,34) und die Gewissenhaftigkeit bzw. das Pflichtbewusstsein (0,28) zu nennen. Auch die Motivation (0,23), die Selbstwirksamkeit (0,22) sowie der Neurotizismus (0,19) spielen in diesem Kontext eine nicht unwesentliche Rolle.[133]

Anstatt auf das Trainingsdesign und seinen inhaltlichen, didaktischen oder zeitlichen Aspekten konzentriert sich die Meta-Analyse vielmehr auf Lernergebnisse, Reaktionen sowie vor- und nachgelagerte Interventionen des Trainings. Der Grund hierfür könnte sein, dass sich die Gestaltung bzw. das Design des Trainings zwar direkt auf das Lernen und Behalten auswirkt, aber nur indirekt auf den Transfer. Im Hinblick auf die Lernergebnisse sind sowohl das nach der Personalentwicklungsmaßnahme vorliegende Wissen (0,24) als auch die Post-Selbstwirksamkeit (0,20) als wichtige Einflussfaktoren zu erwähnen. Im Bereich der Reaktionen sind lediglich Nutzenreaktionen (0,17) anzuführen. Bezüglich der Interventionen weist lediglich die vorgelagerte optimistische Vorausschau (0,20) einen erwähnenswerten Einfluss auf den Transfer auf.[134]

Zuletzt gilt es die Faktoren der Arbeitsumgebung zu betrachten. Die Meta-Analyse berücksichtigt diesen Bereich, in dem sie eine Abstraktionsstufe zurückgeht und die Arbeitsumgebung unter die Umweltfaktoren subsumiert. In dieser Konstellation weist die Arbeitsumgebung mit einer Korrelation von 0,23 einen nicht zu vernachlässigenden Zusammenhang mit dem Transfer auf. Den größten Einfluss auf den Transfer hat jedoch das Transferklima (0,27). Aber auch die Unterstützung (0,21) bei der Umsetzung von erlerntem Wissen in das entsprechende Anwendungsgebiet hat eine positive Wirkung auf den Transfer. Hierbei kann die Unterstützung weiter differenziert werden. Wenn auch auf Grundlage relativ kleiner Stichproben, kann der Unterstützung durch den Vorgesetzten bzw. die Kollegen und

---

[133] Vgl. Blume et al. 2009, S. 1079.
[134] Vgl. Blume et al. 2009, S. 1079.

dem Transfer eine Korrelation von 0,31 bzw. 0,14 zugeschrieben werden.[135]

Auch Seidel (2012) liefert empirische Nachweise für den Einfluss, den verschiedene Faktoren aus den drei genannten Bereichen auf den Transfer haben.[136] Die empirischen Befunde unterstützen einige der Ergebnisse der Arbeit von Blume et al. (2009). So führt Seidel beispielsweise die Meta-Analyse von Colquitt, LePine und Noe (2000) an, die unter anderem den positiven Zusammenhang zwischen Post-Selbstwirksamkeit und Transfer in der Weise unterstreicht, als dass für diese ein Regressionskoeffizient (β) von 0,27 berechnet wird. Auch wird die Bedeutung der Gewissenhaftigkeit bzw. des Pflichtbewusstseins (0,52) untermauert. Weiterhin wird dem Erwerb von Kenntnissen (0,59), der mit dem nach der Personalentwicklungsmaßnahme vorliegende Wissen gleichgesetzt werden kann, in der Meta-Analyse ein wesentlich stärkerer, positiver Einfluss auf den Transfer zugestanden als in der Arbeit von Blume et al. (2009).[137]

Durch mehrere Studien werden ebenfalls die Erkenntnisse bezüglich der untergeordneten Rolle der Reaktionen bestätigt. Die Autorin zeigt zahlreiche Studien auf, die die positive Korrelation von Trainingszufriedenheit und Transfererfolg wiederlegen. Der Nutzenreaktion wird aber, wie auch in der Meta-Analyse von Blume et al. (2009), zumindest ein geringer Einfluss zugeschrieben.[138]

Des Weiteren bestätigt Seidel (2012) anhand von zwölf Studien, dass die allgemeine Unterstützung durch den Vorgesetzten *„[...] einen wichtigen Einfluss auf den Erfolg des Transfers hat.“*.[139] Im Hinblick auf die Unterstützung der Kollegen spricht die Autorin unter Berücksichtigung diverser Studien ebenfalls von einem *„[...] signifikant positiven Einfluss [...]“*.[140]

Bei Betrachtung der Zusammenfassung der empirischen Befunde von Seidel (2012) wird die oben gemachte Aussage zum Einfluss von Faktoren des Trainingsdesigns auf den Transfer bestätigt.[141] Es wird deutlich, dass diese im Allgemeinen eher Einfluss auf das Lernen und weniger auf den Transfer haben. Eine Ausnahme stellt hierbei aber unter anderem der Anwendungsbezug bzw. die praktische Relevanz der Lerninhalte dar, dessen positiven Einfluss auf den Transfer von der Autorin durch die Ergebnisse von fünf verschiedenen

---

[135] Vgl. Blume et al. 2009, S. 1079.
[136] Vgl. Seidel 2012, S. 47.
[137] Vgl. Colquitt, LePine, Noe 2000, S. 696.
[138] Vgl. Seidel 2012, S. 41.
[139] Seidel 2012, S. 43.
[140] Seidel 2012, S. 45.
[141] Vgl. Seidel, S. 47.

Studien validiert wird.[142]

Die Ausführungen bezüglich der Entscheidungsräume für Maßnahmen der Transfersicherung sollen an dieser Stelle nicht weiter fortgesetzt werden, da unter Berücksichtigung der vorliegenden Quellen die empirische Dichte wesentlich abnimmt. Eine Herleitung weiterer Einflussfaktoren wäre somit nicht ausreichend empirisch fundiert. Dennoch wurde auf Grundlage des Modells nach Baldwin und Ford (1988) verdeutlicht, welche Bereiche mit ihren Faktoren einen erwähnenswerten Einfluss auf den Transfer haben. Hieraus kann abgeleitet werden, an welchen Stellen Maßnahmen zur Transfersicherung angesetzt werden sollten bzw. in welchen Bereichen Entscheidungen über derartige Maßnahmen getroffen werden sollten. An dieser Stelle sei darauf hingewiesen, dass die Herleitung konkreter Maßnahmen nicht Schwerpunkt des vorliegenden Buches ist. Vielmehr soll durch die vorangehenden Ausführungen ein Rahmen gesteckt werden, in dem sich der Entscheidungsträger bei der Identifizierung von möglichen Entscheidungsalternativen bewegen kann oder sollte.

Auch sei in diesem Kontext auf das Learning Transfer System Inventory (LTSI) von Holton, Bates und Ruona (2000) bzw. sein deutsches Pondon, das sogenannte German Learning Transfer System Inventory (GLTSI) nach Kauffeld et al. (2008), verwiesen. Im Grunde stellt das GLTSI ein Instrument für die Evaluation von Personalentwicklungsmaßnahmen durch die Teilnehmenden dar. Die Befragung konzentriert sich hierbei jedoch auf die Güte der Maßnahme im Hinblick auf den nachfolgenden Transfer. Deshalb werden in dessen Rahmen einige der Faktoren aufgegriffen, die in den vorherigen Ausführungen als wesentlich bezüglich ihres Einflusses auf den Transfer herausgestellt wurden. So zum Beispiel die Motivation zum Lerntransfer, die Training-Arbeits-Übereinstimmung, die Unterstützung durch Vorgesetzte und Kollegen, die Möglichkeit der Wissensanwendung sowie die generelle Selbstwirksamkeitsüberzeugung.[143] Dies spricht für die empirische Fundiertheit des GLTSI. Entsprechend geben Kauffeld et al. (2008) an, das dieses Instrument unter anderem „[…] zur Entwicklung von Maßnahmen, die den Transfer erhöhen […]"[144] genutzt werden kann. Neben der Berücksichtigung der oben hergeleiteten Entscheidungsräume kann also auch die Nutzung des GLTSI zur Identifizierung von Maßnahmen zur Transfersicherung beitragen.

4.4.2 Ableitung möglicher Attribute

---

[142] Vgl. Seidel 2012, S. 41-42.
[143] Vgl. Kauffeld et al. 2008, S. 28-29.
[144] Kauffeld et al. 2008, S. 20.

Unter Berücksichtigung von Abschnitt 4.3 müssen zur Erstellung einer Hierarchie neben dem Ziel und den Entscheidungsalternativen auch Kriterien bzw. Attribute definiert werden, anhand derer die Alternativen sinnvoll miteinander verglichen werden können. Dies bedeutet jedoch nicht zwangsläufig, dass nur völlig gleichartige Alternativen miteinander verglichen werden können. Das die Entscheidungsalternativen einander nicht immer so stark gleichen müssen, wird deutlich, wenn man sich von dem Beispiel aus Abschnitt 4.3.2 entfernt und sich mit dem Entscheidungsproblem der Auswahl einer optimalen Maßnahme zur Transfersicherung zuwendet. Denn im vorangehenden Abschnitt wurde gezeigt, dass derartige Maßnahmen in verschiedenen Bereichen angesiedelt sein können.

Im Folgenden sollen nun zwei verschiedene Ansätze für die Anwendung möglicher Attribute erläutert werden. Für das erste Szenario werden Attribute aus den im letzten Abschnitt identifizierten Einflussbereichen genutzt. Es sei angenommen, dass der Entscheidungsraum eines Entscheidungsträgers lediglich durch Maßnahmen aus einem der drei Einflussbereiche Merkmale der Person, Trainingsdesign und Arbeitsumgebung definiert wird. Weiterhin sei der Entscheidungsträger lediglich an der Auswahl und Durchführung von Transfersicherungsmaßnahmen im Bereich der Merkmale der Person interessiert, da hier wesentliche Defizite aufgedeckt wurden. Bezüglich der Merkmale der Person wurden unter anderem die Gewissenhaftigkeit bzw. das Pflichtbewusstsein, die Motivation sowie die Selbstwirksamkeit als maßgebliche Einflussfaktoren des Transfers identifiziert. Wendet man sich unter Berücksichtigung dieser Einflussfaktoren dem Entscheidungsproblem der Auswahl einer optimalen Transfersicherungsmaßnahme zu, so kann angenommen werden, dass aus mehreren Alternativen diejenige gewählt werden sollte, die die stärksten positiven Effekte in den jeweiligen Einflussbereichen aufweist. Die genannten Einflussfaktoren würden in diesem Fall folglich als Attribute fungieren. Die resultierende Hierarchie wird in Abbildung 4.6 dargestellt. Freilich ist die illustrierte Hierarchie nur ein Beispiel. Das Szenario ist in der Weise veränderbar, als dass andere Einflussfaktoren als Attribute verwendet werden können. Um eine (empirisch) fundierte Entscheidung zu treffen, sollten jedoch Nachweise für den positiven Zusammenhangs zwischen den Einflussfaktoren und dem Transfer vorliegen. Weiterhin sei an dieser Stelle darauf hingewiesen, dass das Entscheidungsproblem auf einen anderen Einflussbereich, also das Trainingsdesign oder die Arbeitsumgebung, übertragen werden kann.

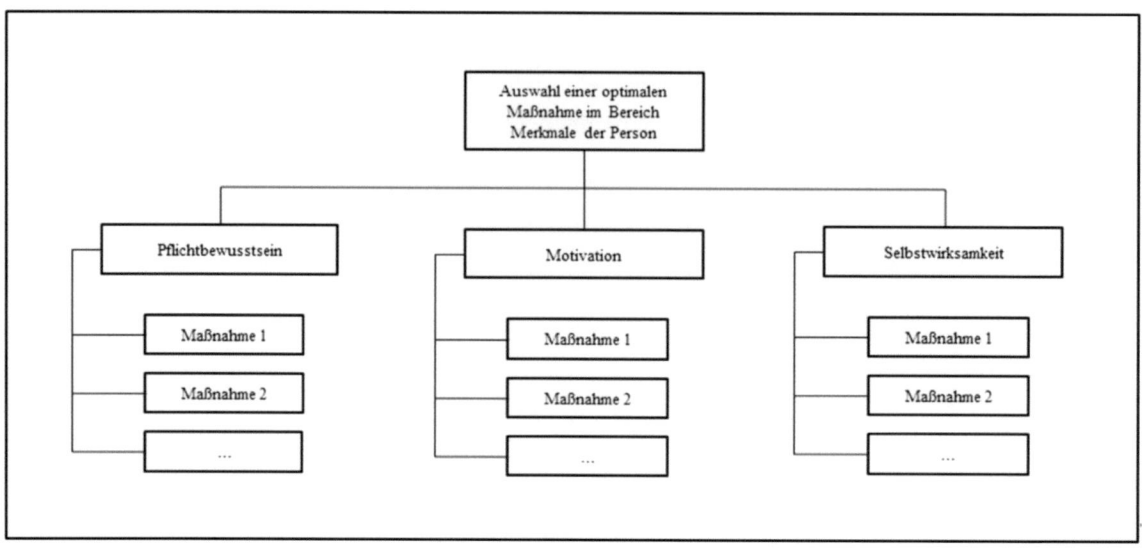

Abbildung 4.6: Bereichsinterner Vergleich von Alternativen

Quelle: Eigene Darstellung

Für das zweite Szenario sei angenommen, dass der Entscheidungsraum des Entscheidungsträgers durch Maßnahmen in allen Einflussbereichen definiert sei. Die Maßnahmen sind hierdurch nicht länger anhand der bereichsspezifischen Einflussfaktoren vergleichbar, sodass alternative Attribute gewählt werden müssen.

In Abschnitt 3.4 wurden die ökonomischen Effekte von Personalentwicklungsmaßnahmen gezeigt. Es wurde unter anderem verdeutlicht, dass diese Kosten verursachen, die sich negativ auf den Nettoerfolg auswirken. Sieht man von Non-Profit-Organisationen bzw. gemeinnützigen Organisationen ab, zielen Unternehmen auf eine Maximierung des Gewinns ab. Deshalb kann davon ausgegangen werden, dass die genannten Kosten ein wesentliches Entscheidungskriterium bzw. Attribut für die Auswahl einer Transfersicherungsmaßnahme darstellen. Außerdem unterliegt die Erfassung der Kosten nicht den in Abschnitt 4.2.3 genannten Problemen hinsichtlich der Erfassung quantitativer Größen, da die Kosten einer Maßnahme in der Regel wesentlich leichter zu erfassten sind als ihre erfolgswirksamen Effekte. Wie bereits in Abschnitt 4.3.2. erwähnt, muss bei der Berücksichtigung von Kosten als Attribut mit den reziproken Werten gerechnet werden. An dieser Stelle sei darauf hingewiesen, dass die Kosten, sofern sie nicht als Attribut verwendet werden, ebenfalls genutzt werden können, um das Kosten-Nutzen-Verhältnis der Entscheidungsalternativen darzustellen. Hierfür müssen die Kosten der Alternativen lediglich normalisiert und jeweils ins Verhältnis zu ihren Prioritätsvektoren bzw. Gesamtgewichten gesetzt werden. Zieht man diesen Index für die Entscheidungsfindung heran, wird die Alternative mit dem besten

Kosten-Nutzen-Verhältnis bevorzugt.[145]

Ein weiteres Attribut könnte der spezifische Zeithorizont der Maßnahmen sein. Was dies konkret meint, müsste jedoch vom Entscheidungsträger selbst festgelegt werden. Denn neben der Durchführungsdauer kann in diesem Kontext zum Beispiel auch die Dauer bis zum Eintritt der gewünschten Effekte in Betracht gezogen werden. An dieser Stelle sei ergänzend erwähnt, dass Informationen über die Dauer von Maßnahmen ebenfalls in Überlegungen über den Einsatzzeitpunkt (vor oder nach der Personalentwicklungsmaßnahme) einbezogen werden sollten. Wobei hierbei zu berücksichtigen ist, dass verschiedene Maßnahmen nur für den vorgelagerten bzw. nachgelagerten Einsatz geeignet sind. Während Maßnahmen zur Unterstützung der Vorgesetzten beispielsweise erst dann Sinn machen, wenn es darum geht das neu erlangte Wissen im Arbeitsfeld umzusetzen, können Maßnahmen zur Steigerung der Motivation schon lange vor der Personalentwicklungsmaßnahme eingesetzt werden. Für das vorliegende Szenario stehe die Dauer der Transfersicherungsmaßnahme und damit der Zeithorizont *nach* der Personalentwicklungsmaßnahme im Fokus. Denn im Hinblick auf diesen Zeitraum haben Blume et al. (2009) in ihrer Meta-Analyse gezeigt, dass der positive Zusammenhang zwischen diversen Einflussfaktoren und dem Transfer verringert, je mehr Zeit zwischen dem Training und dem Transfer vergeht.[146] Es kann also angenommen werden, dass neben den Kosten auch der Zeithorizont einer Transfersicherungsmaßnahme ein wichtiges Kriterium bzw. Attribut für das vorliegende Entscheidungsproblem sein kann.

Das letzte Attribut, das beispielhaft hergeleitet werden soll, sei nun bewusst von qualitativer Natur. Unter Berücksichtigung der in einem Unternehmen vorliegenden Strukturen und Ressourcen kann die Umsetzbarkeit einer Maßnahme als eine entscheidungsrelevante Größe gesehen werden. Denn es kann angenommen werden, dass der Nutzen bzw. die Erfolgswirkung der Durchführung einer Maßnahme bei mangelnden Organisationsstrukturen oder aber mangelnden materiellen und/oder immateriellen Ressourcen wesentlich geringer ausfällt. Dies ist jedoch nur eine beispielhafte Interpretation. Denn letzten Endes ist die Definition bzw. Interpretation eines qualitativen Attributs im Rahmen des AHPs dem Entscheidungsträger überlassen. Die sich ergebende Hierarchie wird in Abbildung 4.7 dargestellt.

Zuletzt sei darauf hingewiesen, dass die im Rahmen des ersten Szenarios hergeleiteten Attribute zwar nicht für die Anwendung im zweiten Szenario geeignet sind, dies aber nicht

---

[145] Peters, Zelewski 2004, S. 302.
[146] Vgl. Blume et al 2009, S.18.

die Nutzung der im zweiten Szenario hergeleiteten Attribute im ersten Szenario ausschließt.

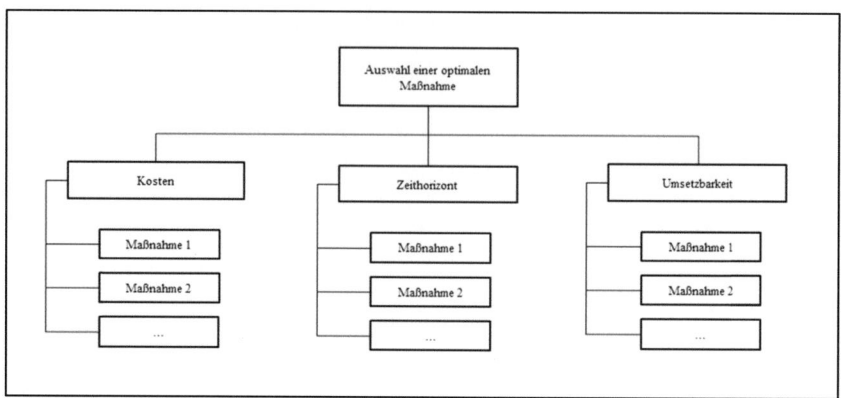

Abbildung 4.7: Bereichsübergreifender Vergleich von Alternativen

Quelle: Eigene Darstellung

Sind alle Elemente der Hierarchie identifiziert, folgt der in Abschnitt 4.3 verdeutlichte paarweise Vergleich, durch den zuletzt die Gewichtung der Hierarchieelemente ermöglicht wird. Neben dem subjektiven Paarvergleich, der in Abschnitt 4.3.2 gezeigt wurde, bietet sich jedoch eine weitere Methode zur Gewichtung der entsprechenden Elemente an. Arbeitet man im Rahmen der Attribute, mit den Einflussfaktoren des Transfers und hierdurch mit den oben erwähnten Populationskorrelationen (ρ) sowie den Regressionskoeffizienten (β) können diese ebenfalls durch die Standardisierung der Populationskorrelation bzw. der Regressionskoeffizienten eine Gewichtung erhalten. Formal würde sich diese Methode wie folgt darstellen. [147]

$$w_i = \frac{\beta_i}{\beta_1+\beta_2+\dots+\beta_n} \quad \text{bzw.} \quad w_i = \frac{\rho_i}{\rho_1+\rho_2+\dots+\rho_n} \quad \text{und} \quad \sum_{i=1}^{n} w_i = 1 \quad \text{für} \quad i = 1, \dots, n$$

Diese Vorgehensweise zur Gewichtung der Attribute ist insofern vorteilhaft, als dass die subjektive Bewertung des Entscheidungsträgers durch eine empirisch fundierte Herleitung der Gewichte ersetzt oder zumindest ergänzt werden kann.

4.4.3 Eignung des AHPs für das vorliegende Entscheidungsproblem

In den vorangehenden Abschnitten wurde ein möglicher Ansatz für die Anwendung des AHPs auf das vorliegende Entscheidungsproblem entwickelt. Unter Berücksichtigung dieser Ausführungen soll nun eine konzise Bewertung der Eignung und Zulänglichkeit des Verfahrens für diesen Anwendungsfall folgen.

---

[147] Vgl. Priya, Venkatesh 2012, S. 5.

In Abschnitt 4.2 wurden rein quantitativ orientierte Entscheidungsmodelle vorgestellt. Es wurde gezeigt, dass die Kapitalwertmethode und Entscheidungsregeln bei Unsicherheit auf rein quantitativen bzw. monetären Größen basieren. Abschnitt 4.2.3 verdeutlichte die schwierige Prognostizierbarkeit sowie die unzureichende Möglichkeit der Messung von quantitativen bzw. monetären Erfolgswirkungen im Bereich der Personalentwicklung und dem zugehörigen Transfer, wodurch die Frage nach einem alternativen Verfahren aufgeworfen wurde. Anschließend wurde das AHP vorgestellt und es konnte ein Ansatz für die Anwendung dieses Verfahrens auf das Entscheidungsproblem der Auswahl einer Maßnahme zur Transfersicherung entwickelt werden. Die Veranschaulichung von zwei Szenarien zeigte, dass das Verfahren sowohl unter ausschließlicher Berücksichtigung qualitativer Daten (erstes Szenario) als auch unter Einbezug qualitativer und quantitativer Daten (zweites Szenario) angewendet werden kann. Die wesentliche Schwäche der zuvor genannten quantitativ orientierten Modelle konnte durch die Anwendung des AHPs also umgangen werden. In welchen Formen quantitative Daten hierbei bewertet werden können, wurde in Abschnitt 4.3.2 beleuchtet.

Mit Ausnahme der absoluten, direkten Bewertung können dem AHP im Rahmen der Bewertung qualitativer bzw. quantitativer Ausprägungen aber auch Nachteile zugesprochen werden, wobei mögliche Informationsverluste bereits in Abschnitt 4.3.2 genannt wurden. Weiterhin ist der große subjektive Einfluss des Entscheidungsträgers bei der Bewertung von Attributen und Alternativen durch den paarweisen Vergleich zu erwähnen. Außerdem kann im Rahmen der Übersetzung von qualitativen und quantitativen Ausprägungen in die 9-Punkte-Skala von Saaty von einer gewissen Willkür gesprochen werden. So wie bei anderen multikriteriellen Verfahren, wie zum Beispiel Nutzwertanalysen oder Scoring-Verfahren, ergibt sich durch die zwei genannten Nachteile auch beim AHP die Möglichkeit zur Manipulation.[148] Das AHP weist diesbezüglich aber Charakteristika auf, durch die sich diese Nachteile relativieren lassen. Die genannten Ermessensspielräume werden zum einen in der Weise begrenzt, als das die subjektiven Bewertungen durch die Nutzung der 9-Punkte-Skala limitiert werden. Zum anderen sind die Evaluationsmatrizen durch die in Abschnitt 4.3.1 erläuterten Kennzahlen auf ihre Konsistenz hin zu überprüfen. Außerdem wird der subjektive Einfluss des Entscheidungsträgers durch die Eigenvektorberechnung spätestens nach der Fertigstellung der Evaluationsmatrizen unterbunden.[149]

Des Weiteren wurden die Nachteile auch in der Weise relativiert, als das in den beiden

---

[148] Vgl. Peters, Zelewski 2004, S. 318.
[149] Vgl. Peters, Zelewski 2004, S. 318-319.

vorangehenden Abschnitten, auf Grundlage empirischer Befunde, zum einen Entscheidungsräume definiert wurden und zum anderen ein alternatives Verfahren für die Gewichtung von qualitativen Hierarchieelementen aufgezeigt wurde. Werden diese Aspekte im Rahmen des AHP berücksichtigt, könnte hierdurch eine empirisch fundierte Bewertung von Attributen und Alternativen erfolgen, die der genannten Bewertungssubjektivität bzw. -willkür des Entscheidungsträgers entgegenwirkt.

Weiterhin lässt sich das AHP im Hinblick auf die in Abschnitt 3.4 erwähnten Effekte beleuchten. Es wurde gezeigt, dass Personalentwicklungsmaßnahmen eine Lösung für die Grundprobleme der Personalwirtschaft darstellen. Derartige Maßnahmen haben in der Weise Effekte auf den Unternehmensgewinn, als dass sie sowohl der Erreichung von Substanz- als auch von Formalzielen dienen. Voraussetzung hierfür ist jedoch, dass die Personalentwicklungsmaßnahmen wirklich ihren Zweck erfüllen, was von der Transferleistung der Teilnehmenden abhängt (siehe hierzu unter anderem Abschnitt 2.2.4). Der Transfer, so wurde gezeigt, hängt von diversen Einflussfaktoren ab. Um den Transfer zu fördern oder sogar vollständig zu gewährleisten, ist es erforderlich, entsprechende Maßnahmen zu ergreifen, die diese Faktoren, und mit ihnen den Transfer, positiv beeinflussen. Um eine im Hinblick auf das Ziel der Transfersicherung optimale Auswahl zu treffen, stellte sich der AHP mit seinen spezifischen Eigenschaften als besonders geeignet heraus. Insbesondere, weil es die Möglichkeit bietet, sowohl quantitative als auch qualitative Aspekte, wie zum Beispiel die Eigenschaften der Teilnehmenden (siehe Abschnitt 4.4.2), zu berücksichtigen. Denn hierdurch wird das Verfahren der starken Relevanz und Bedeutung qualitativer Größen im Rahmen des Transfers gerecht.

5. Zusammenfassung

Das vorliegende Buch hat den Stellenwert verdeutlicht, der dem Transfer im Rahmen der Personalentwicklung zugeschrieben werden sollte. Zu diesem Zweck wurde anhand einschlägiger Fachliteratur aber vor allem unter Nutzung des Transfermodells von Baldwin und Ford (1988) gezeigt, dass der Transfer, neben dem vorgelagerten Erwerb von Wissen, eine notwendige Bedingung für den Erfolg einer Personalentwicklungsmaßnahme ist.

Um den Transfer ökonomisch zu legitimieren wurde er in dem ihm übergeordneten Prozess der Personalentwicklung lokalisiert. Indem die Personalentwicklung mithilfe des Handlungsstrukturmodells als personalwirtschaftliches Instrument identifiziert und ökonomisch legitimiert, konnte auch der zugehörige Transfer, als Voraussetzung erfolgreicher Personalentwicklung, seine entsprechende Legitimierung erfahren. Hierbei wurde transparent, wie die Personalentwicklung, unter der Prämisse eines erfolgreichen Transfers, zur Lösung der personalwirtschaftlichen Grundprobleme beisteuern und auf welche Art und Weise sie den Unternehmensgewinn beeinflussen. Da sich Transfer nicht oder nur begrenzt selbst einstellen kann, ergab sich die Notwendigkeit von Maßnahmen zur Transfersicherung, welche im Entscheidungsproblem der Auswahl einer optimalen Transfersicherungsmaßnahme mündeten.

Für die Lösung des vorliegenden Entscheidungsproblems wurden quantitativ orientierte Modelle zwar beleuchtet, aber aufgrund der schwierigen Prognostizierbarkeit und der Messproblematik im Hinblick auf die quantitativen bzw. monetären Größen des Transfers, als nur bedingt geeignet eingestuft. Es zeigte sich jedoch, dass der Analytische Hierarchieprozess einen Lösungsansatz für das genannte Entscheidungsproblem darstellt; nicht zuletzt, weil die Nachteile des Verfahrens relativiert werden konnten. Im Hinblick auf die Anwendung des AHP lieferte das Buch, zum Teil auf breiter empirischer Grundlage, mögliche Entscheidungsräume sowie Attribute, die in den Entscheidungsprozess mit einbezogen werden können. Es sei in diesem Kontext darauf hingewiesen, dass auf die Erläuterung und Durchführung einer nachgelagerten Sensitivitätsanalyse im Rahmen des AHPs, aufgrund der der zugrunde liegenden Komplexität der Thematik, nicht eingegangen werden konnte.

Das vorliegende Buch zeigte, dass in der Personalentwicklung bzw. im Bereich der Transfersicherung durchaus Ansätze entwickelt werden können, die über die reine Untersuchung von Einflussfaktoren des Transfers oder anderen Zusammenhängen bzw. Korrelationen hinausgehen. Der vorgestellte Lösungsansatz impliziert, dass sich im Hinblick auf den Transfer insbesondere mit der Unterstützung von Entscheidungsprozessen beschäftigt werden sollte, nicht zuletzt, weil sich die Betriebswirtschaftslehre immer wieder mit neuen Problemstellungen und den daraus resultierenden Entscheidungsproblemen konfrontiert sieht. Gerade in Bereichen, in denen Größen nur schwer oder gar nicht messbar und quantifizierbar sind, mangelt es an Modellen, die eine theoretisch fundierte Entscheidungsfindung ermöglichen. Dieses Buch konnte unter Rückgriff auf den AHP einen Beitrag zur Schließung dieser Lücke leisten. Sie soll Impulse und Anregungen für weitere Untersuchungen geben, die sich beispielsweise mit Entscheidungsproblemen im Hinblick auf die Auswahl einer geeigneten Personalentwicklungsmaßnahme oder aber der Abstimmung von Personalentwicklungs- und Transfersicherungsmaßnahmen beschäftigen. Denn auch hier sollten bei der Entscheidung, neben ggf. vorliegenden quantitativen Daten, ebenfalls qualitative Größen berücksichtigt werden, um die erläuterten Probleme bei der Prognose oder Messung quantitativer Daten zu umgehen.

Literaturverzeichnis

Baldwin, T. T., Ford, J. K.: Transfer of Training: A Review and Directions for Future Research. In: Personell Psychology, Vol. 41, No. 1, 1988, S. 63-105.

Becker, M.: Systematische Personalentwicklung – Planung, Steuerung und Kontrolle im Funktionszyklus, Stuttgart 2005.

Becker, M.: Personalentwicklung – Bildung, Förderung und Organisationsentwicklung in Theorie und Praxis, 3. Aufl., Stuttgart 2002.

Becker, M.: Lexikon der Personalentwicklung, Stuttgart 2007.

Becker, H. P.: Investition und Finanzierung – Grundlagen der betrieblichen Finanzwirtschaft, 6. Aufl., Wiesbaden 2013.

Bender, W.: Kompetenzen sind wertvoll – Lerntransfer und Wissensmanagement unter demografischen Gesichtspunkten, In: ffw, 2009, S.1-19.

Blume, B. D., Ford, J. K., Baldwin, T. T., Huang, J. L.: Transfer of Training: A Meta-Analytic Review. In: Journal of Management, Vol. 36, No. 4, 2010, S. 1065-1105.

Bröckermann, R., Müller-Vorbrüggen, M.: Handbuch Personalentwicklung – Die Praxis der Personalbildung, Personalförderung und Arbeitsstrukturierung, 3. Aufl., Stuttgart 2010.

Cabala, P.: Using the Analytical Hierarchy Process in Evaluating Decision Alternatives. In: Operations Research and Decisions, No. 1, 2010, S. 5-23.

Colquitt, J. A., LePine, J. A., Noe, R. A.: Toward an Integrative Theory of Training Motivation: A Meta-Analytic Path Analysis of 20 Years of Research. In: Journal of Applied Psychology, Vol. 85, No. 5, 2000, S. 678-707.

Drumm, H. J.: Personalwirtschaft, 6. Aufl., Berlin/Heidelberg 2008.

Ermschel, U., Möbius, C., Wengert, H.: Investition und Finanzierung, 3. Aufl., Berlin/Heidelberg 2013.

Georgenson, D. L.: The problem of transfer calls for partnership. In: Training and Development Journal, Vol. 36, No. 10, 1982, S. 75-78.

Glazinski, B., Schulte-Mathmann, M.: Personalentwicklung als Investition – Eine neue Dimension des Führungshandelns, Köln 2006.

GSTT – German Society for Trenchless Technology e.V.: Information – Ökologie und Ökonomie, Norderstedt 2012.

Harney, K.: Handlungslogik betrieblicher Weiterbildung, Stuttgart 1998.

Holtbrügge, D.: Personalmanagement, 5. Aufl., Berlin/Heidelberg 2013.

Jung, H.: Allgemeine Betriebswirtschaftslehre, 10. Aufl., München 2006.

Kauffeld, S., Bates, R., Holton III, E. F., Müller, A. C.: Das deutsche Lerntransfer-System-Inventar (GLTSI): psychometrische Überprüfung der deutschsprachigen Version. In: Zeitschrift für Personalpsychologie, Vol. 2, No. 2, 2008, S. 50-69.

Kirkpatrick, D. L.: Evaluating Training Programs : The Four Levels, San Francisco 2010.

Klages, H.: Personalentwicklung in der öffentlichen Verwaltung. In: Schanz, G. (Hg.): Handbuch Anreizsysteme in Wirtschaft und Verwaltung, Stuttgart 1991, S. 1147- 1166.

Kossbiel, H.: Personalwirtschaft. In: Bea, F. X., Dichtl, E., Schweitzer, M. (Hg.): Allgemeine Betriebswirtschaftslehre, Bd. 3: Leistungsprozess, 8. neubearbeitete und erweiterte Auflage, Stuttgart 2002, S. 467-549.

Laux, H., Gillenkirch, R. M., Schenk-Mathes, Y.: Entscheidungstheorie, 8. Aufl., Berlin/Heidelberg 2012.

Meixner, O., Haas, R.: Computergestützte Entscheidungsfindung. Expert Choice und AHP - innovative Werkzeuge zur Lösung komplexer Probleme, Frankfurt/Wien 2002.

Münch, J.: Personalentwicklung als Mittel und Aufgabe moderner Unternehmensführung, Bielefeld 1995.

Peters, M. L., Zelewski, S.: Möglichkeiten und Grenzen des „Analytical Hierarchy Process" (AHP) als Verfahren der Wirtschaftlichkeitsanalyse. In: Zeitschrift für Planung und Unternehmenssteuerung (2004), Ausgabe 15, S. 295-324.

Porter, M. E.: Wettbewerbsvorteile – Spitzenleistung erreichen und behaupten, 6. Aufl., Frankfurt/M. 2000.

Priya, P., Venkatesh, A.: Integration of Analytical Hierarchy Process with Regression Analysis to Identify Attractive Locations for Market Expansion. In: Journal of Multi-Criteria Decision Analysis, Volume 19, No. 3-4, 2012, S. 143-153.

Roth, H.: Pädagogische Psychologie des Lernens und Lehrens, 7. Aufl., Hannover 1963.

Ryschka, J., Solga, M., Mattenklott, A. (Hg.): Praxishandbuch der Personalentwicklung, 3. Aufl., Wiesbaden 2011.

Saaty, T. L.: How to make a decision: The Analytic Hierarchy Process. In: European Journal of Operational Research, Vol. 48, No. 1, 1990, S. 9-26.

Saaty, T. L., Vargas L. G.: Models, Methods, Concepts & Applications of the Analytic Hierarchy Process, 2. Auflage, New York 2012.

Saaty, R. W.: The Analytic Hierarchy Process – What it is and how it is used. In: Mathl Modelling, Vol. 9, No.3-5, 1987, S. 161-176.

Saks, A. M., Belcourt, M.: An Investigation of Training Activities and Transfer of Training in Organizations. In: Human Resource Management Vol. 45, No. 4, 2006, S. 629-648.

Seel, N. M.: Psychologie des Lernens. Lehrbuch für Pädagogen und Psychologen, Stuttgart 2000.

Seidel, J.: Transferkompetenz und Transfer – Theoretische und empirische Untersuchung zu den Wirksamkeitsbedingungen betrieblicher Weiterbildung (Bildung, Arbeit, Beruf und Beratung Bd. 3), Landau 2012.

Solga, M.: Förderung von Lerntransfer. In: Ryschka, J., Solga, M., Mattenklott, A. (Hg.): Praxishandbuch der Personalentwicklung, 3. Aufl., Wiesbaden 2011, S. 339-363.

Sommerhäuser, G.: Unterstützung bankbetrieblicher Entscheidungen mit dem Analytical-Hierarchy-Process, Band 170, Berlin 2000.

Sonntag, K. (Hg.): Personalentwicklung in Organisationen, 3. überarbeitete Aufl., Göttingen 2005.

Spengler, T.: Grundlagen und Ansätze der strategischen Personalplanung mit vagen Informationen, München; Mering 1999.

Yamnill, S., McLean, G. N.: Theories Supporting Transfer of Training. In: Human Resource Development Quarterly, Vol. 12, No. 2, 2001, S. 195-208.

Zelewski, S., Peters, M. L.: Multikriterielle Wirtschaftlichkeitsanalysen mithilfe des Analytical Hierarchy Process. In: WISU – Zeitschrift für Ausbildung, Examen, Berufseinstieg und Fortbildung, Ausgabe 8-9, 2006, S. 1069-1075.

Zimmermann, H-J, Gutsche, L.: Multi-Criteria Analyse - Einführung in die Theorie der Entscheidung bei Mehrfachzielsetzung, Berlin et al. 1991.

Anhang

Zu Abschnitt 4.2.1:

$$C_0^2 = -1500 + \frac{-1500}{1,05^1} + \frac{-500}{1,05^2} + \frac{500}{1,05^3} + \frac{1500}{1,05^4} + \frac{2500}{1,05^5} = 242,70$$

Zu Abschnitt 4.3.2:

	Design (1)	Handhabung (2)	Akkulaufzeit (3)
Design (1)	1	$\frac{1}{4}$	$\frac{1}{2}$
Handhabung (2)	4	1	2
Akkulaufzeit (3)	2	$\frac{1}{2}$	1

	Evaluationsmatrix			Normalisierung				Gewicht
	1	2	3	1	2	3	r_i	w
1	1	$\frac{1}{4}$	$\frac{1}{2}$	0,143	0,143	0,143	0,429	**0,143**
2	4	1	2	0,571	0,571	0,571	1,713	**0,571**
3	2	$\frac{1}{2}$	1	0,286	0,286	0,286	0,858	**0,286**
c_i	7	1,75	3,5	1	1	1	3	1

	1	2	3	$\overline{r_i}$
1	0,143	0,143	0,143	0,429
2	0,571	0,571	0,571	1,713
3	0,286	0,286	0,286	0,858

$$\lambda_1 = \frac{0,429}{0,143 \cdot 1} = 3, \ \lambda_2 = \frac{1,715}{0,571 \cdot 1} = 3, \ \lambda_3 = \frac{0,858}{0,286 \cdot 1} = 3, \ \lambda_{max} = \frac{9}{3} = 3$$

$$CI = \frac{3-3}{2} = 0, \ CR = \frac{0}{0,52} = 0$$

Design	Material (1)	Verarbeitung (2)
Material (1)	1	$\frac{1}{2}$
Verarbeitung (2)	2	1

	Evaluationsmatrix		Normalisierung			Gewicht
	1	2	1	2	r_i	w
1	1	$\frac{1}{2}$	$\frac{1}{3}$	$\frac{1}{3}$	$\frac{2}{3}$	$\frac{1}{3}$
1	2	1	$\frac{2}{3}$	$\frac{2}{3}$	$\frac{4}{3}$	$\frac{2}{3}$
c_i	3	1,5	1	1	2	1

$\lambda_1 = 2, \ \lambda_2 = 2, \ \lambda_{max} = 2$

$CI = 0, \ CR = 0$

Handhabung	Transportierbarkeit (1)	Benutzerfreundlichkeit (2)
Transportierbarkeit (1)	1	$\frac{1}{3}$
Benutzerfreundlichkeit (2)	3	1

	Evaluationsmatrix		Normalisierung			Gewicht
	1	2	1	2	r_i	w
1	1	$\frac{1}{3}$	$\frac{1}{4}$	$\frac{1}{4}$	$\frac{1}{2}$	$\frac{1}{4}$
2	3	1	$\frac{3}{4}$	$\frac{3}{4}$	$\frac{3}{2}$	$\frac{3}{4}$
c_i	4	$\frac{4}{3}$	1	1	2	1

$\lambda_1 = 2, \ \lambda_2 = 2, \ \lambda_{max} = 2$

$CI = 0, \ CR = 0$

Akkulaufzeit		w
iPad Mini	10	0,4
Nexus 7	8	0,32
Kindle Fire HD	7	0,28
	25	1

Material	iPad Mini (1)	Nexus 7 (2)	Kindle Fire HD (3)
iPad Mini (1)	1	6	2
Nexus 7 (2)	$\frac{1}{6}$	1	$\frac{1}{3}$
Kindle Fire HD (3)	$\frac{1}{2}$	3	1

	Evaluationsmatrix			Normalisierung				Gewicht
	1	2	3	1	2	3	r_i	w
1	1	6	2	0,6	0,6	0,6	1,8	**0,6**
2	$\frac{1}{6}$	1	$\frac{1}{3}$	0,1	0,1	0,1	0,3	**0,1**
3	$\frac{1}{2}$	3	1	0,3	0,3	0,3	0,9	**0,3**
c_i	$\frac{5}{3}$	10	$\frac{10}{3}$	1	1	1	3	1

$\lambda_1 = 3, \ \lambda_2 = 3, \ \lambda_3 = 3, \ \lambda_{max} = 3$

$CI = 0, \ CR = 0$

Verarbeitung	iPad Mini (1)	Nexus 7 (2)	Kindle Fire HD (3)
iPad Mini (1)	1	4	2
Nexus 7 (2)	$\frac{1}{4}$	1	$\frac{1}{2}$
Kindle Fire HD (3)	$\frac{1}{2}$	2	1

	Evaluationsmatrix			Normalisierung				Gewicht
	1	2	3	1	2	3	r_i	w
1	1	4	2	0,571	0,571	0,571	1,713	**0,571**
2	$\frac{1}{4}$	1	$\frac{1}{2}$	0,143	0,143	0,143	0,429	**0,143**
3	$\frac{1}{2}$	2	1	0,286	0,286	0,286	0,858	**0,286**
c_i	1,75	7	3,5	1	1	1	3	1

$\lambda_1 = 3, \ \lambda_2 = 3, \ \lambda_3 = 3, \ \lambda_{max} = 3$

$CI = 0, \ CR = 0$

Transportierbarkeit	iPad Mini (1)	Nexus 7 (2)	Kindle Fire HD (3)
iPad Mini (1)	1	$\frac{1}{4}$	$\frac{1}{2}$
Nexus 7 (2)	4	1	2
Kindle Fire HD (3)	2	$\frac{1}{2}$	1

	Evaluationsmatrix			Normalisierung				Gewicht
	1	2	3	1	2	3	r_i	w
1	1	$\frac{1}{4}$	$\frac{1}{2}$	0,143	0,143	0,143	0,429	**0,143**
2	4	1	2	0,571	0,571	0,571	1,713	**0,571**
3	2	$\frac{1}{2}$	1	0,286	0,286	0,286	0,858	**0,286**
c_i	7	1,75	3,5	1	1	1	3	1

$\lambda_1 = 3,\ \lambda_2 = 3,\ \lambda_3 = 3,\ \lambda_{max} = 3$

$CI = 0,\ CR = 0$

Benutzerfreundlichkeit	iPad Mini (1)	Nexus 7 (2)	Kindle Fire HD (3)
iPad Mini (1)	1	2	$\frac{1}{3}$
Nexus 7 (2)	$\frac{1}{2}$	1	$\frac{1}{6}$
Kindle Fire HD (3)	3	6	1

	Evaluationsmatrix			Normalisierung				Gewicht
	1	2	3	1	2	3	r_i	w
1	1	2	$\frac{1}{3}$	0,222	0,222	0,222	0,666	**0,222**
2	$\frac{1}{2}$	1	$\frac{1}{6}$	0,111	0,111	0,111	0,333	**0,111**
3	3	6	1	0,667	0,667	0,667	2	**0,667**
c_i	4,5	9	1,5	1	1	1	3	1

$\lambda_1 = 3,\ \lambda_2 = 3,\ \lambda_3 = 3,\ \lambda_{max} = 3$

$CI = 0,\ CR = 0$

Gesamtgewichte:

iPad Mini

$0{,}143 \cdot 0{,}333 \cdot 0{,}6 + 0{,}143 \cdot 0{,}667 \cdot 0{,}571 + 0{,}571 \cdot 0{,}25 \cdot 0{,}143 +$
$0{,}571 \cdot 0{,}75 \cdot 0{,}222 + 0{,}286 \cdot 0{,}4 = \mathbf{0{,}313}$

Nexus 7

$0{,}143 \cdot 0{,}333 \cdot 0{,}1 + 0{,}143 \cdot 0{,}667 \cdot 0{,}143 + 0{,}571 \cdot 0{,}25 \cdot 0{,}571 +$
$0{,}571 \cdot 0{,}75 \cdot 0{,}111 + 0{,}286 \cdot 0{,}32 = \mathbf{0{,}239}$

Kindle Fire HD

$0{,}143 \cdot 0{,}333 \cdot 0{,}3 + 0{,}143 \cdot 0{,}667 \cdot 0{,}286 + 0{,}571 \cdot 0{,}25 \cdot 0{,}286 +$
$0{,}571 \cdot 0{,}75 \cdot 0{,}667 + 0{,}286 \cdot 0{,}28 = \mathbf{0{,}448}$

Symbolverzeichnis

Indices und Indexmengen:

$\bar{J} = \{j | j = 1,2, \dots, J; j \text{ ist ein Umweltzustand}\}$

$J_T = \{j | j \text{ ist ein Umweltzustand im letzten Entscheidungszeitpunkt}\}$

$J_j^* = \{j^* | j^* \text{ ist ein Vorgängerzustand von } j \in \bar{J} \text{ oder } j \text{ selbst}\}$

$K_q = \{k | \text{ Güter der Art } k, \text{ bei deren Produktion Tätigkeiten der Art } q \text{ zu erledigen sind}\}$

$\bar{K} = \{k | k = 1,2, \dots, K; k \text{ ist eine Produktart}\}$

$\bar{Q} = \{q | q = 1,2, \dots, Q; q \text{ ist eine Tätigkeitskategorie}\}$

$R_q = \{r | \text{Arbeitskräfte der Art } r \text{ sind geeignet zur Erledigung von Tätigkeiten der Art } q \}$

$\bar{R} = \{r | r = 1,2, \dots, R; r \text{ ist eine Arbeitskräftekategorie}\}$

$R_r^* = \{r^* | r^* \text{ ist eine Zielqualifikation, die von } r \text{ aus erreicht werden kann}\}$

$\hat{w}_j = $ (unbedingte) Wahrscheinlichkeit für das Eintreten des Umweltzustandes $j \in J_T$

Daten:

$a_{qk} = $ Personalbedarfskoeffizient [benötigte Arbeitskräfteperioden für die Erledigung von Tätigkeiten der Art q bei Erzeugung eines Gutes der Art k]

$DB_{kj} = $ im Zustand j pro erzeugter Einheit eines Gutes der Art k erzielbarer Deckungsbeitrag

$GK_{rj} = $ im Zustand j pro Arbeitskraft der Art r zu zahlender Gehaltskostensatz

$SK_{r,r^*,j} = $ Schulungskostensatz, der für eine im Zustand j von r nach r^* zu schulende Arbeitskraft anfällt

Entscheidungsvariablen:

$PA_{rj} = $ Ausstattung mit Arbeitskräften der Art r im Zustand j

$x_{kj} = $ Anzahl der im Zustand j herzustellenden Güter der Art k

$S_{r,r^*,j} = $ Anzahl der im Zustand j von r nach r^* zu schulenden Arbeitskräfte

$NE_j = $ Nettoerfolg, der bei der zu Zustand $j \in J_T$ führenden Zustandsfolge erzielt wird